交通信息工程技术

U0617362

路面破损图像自动识别技术

徐志刚　编著

西安电子科技大学出版社

内 容 简 介

本书系统地介绍了路面破损图像自动识别技术的理论、方法以及路面自动检测系统的集成和软件开发方法。全书共 6 章，首先简要介绍了路面破损图像检测系统及路面破损图像自动识别算法的国内外研究现状，以及道路养护行业对路面破损自动识别技术的实际需求；然后在此基础上详细论述了路面破损图像特征分析、特征提取、特征融合、破损目标提取、目标精确分割、目标几何参数测量、破损分类等内容；最后详细阐述了编者所开发的路面破损图像自动检测系统的结构、功能及集成软件开发等内容。

本书内容系统，重点突出，理论与实践并重，既可以作为交通信息工程及控制、道路与铁道工程等高年级本科生、研究生的参考教材，也可以作为道路检测与养护行业的工程技术人员的参考书。

图书在版编目(CIP)数据

路面破损图像自动识别技术/徐志刚编著. —西安：西安电子科技大学出版社，2018.9

ISBN 978 - 7 - 5606 - 4510 - 0

Ⅰ. ① 路…　Ⅱ. ① 徐…　Ⅲ. ① 路面衰坏—图像处理—自动识别—研究

Ⅳ. ① U418.6

中国版本图书馆 CIP 数据核字 (2017) 第 155873 号

策划编辑　刘玉芳
责任编辑　刘玉芳　毛红兵
出版发行　西安电子科技大学出版社 (西安市太白南路 2 号)
电　　话　(029)88242885　88201467　　　邮　　编　710071
网　　址　www.xduph.com　　　　　　　电子邮箱　xdupfxb001@163.com
经　　销　新华书店
印刷单位　北京虎彩文化传播有限公司
版　　次　2018 年 9 月第 1 版　2018 年 9 月第 1 次印刷
开　　本　787 毫米×960 毫米　1/16　印张 10.5
字　　数　207 千字
定　　价　30.00 元
ISBN 978 - 7 - 5606 - 4510 - 0/U

XDUP 4802001 - 1

* * *如有印装问题可调换* * *

前　言

近年来，随着我国公路网的不断扩大，公路养护和管理问题日渐突出。为适应大规模、高效率和高质量的公路养护管理要求，路面管理系统（Pavement Management System，PMS）得到了广泛的推广和应用，它改变了传统落后的公路管理模式，使公路管理决策更加客观化、信息化和科学化。路面管理系统的有效性依赖于各种数据的准确、实时获取，而路面破损数据是评价路面质量状况的关键指标之一。目前，国内外已研发了多种路面图像自动采集与处理系统，可在线获取路面图像，离线进行路面破损图像自动识别。但是这些系统普遍存在"成像照度不均匀"、"识别算法通用性差"、"运行效率不高"等问题，成为影响该系统推广应用的"瓶颈"。

路面破损图像自动识别技术多年来一直是交通信息工程与模式识别领域的经典难题，受到相关研究者的广泛关注。由于路面图像的多纹理性、多目标性、目标的弱信号性和图像光强的多变性，使得路面破损目标的识别难度相对较大。现有算法大多是建立在路面图像质量好、裂缝目标清晰的基础上而开发的，缺乏对复杂环境的适应性，难以满足工程应用的实际需求。

针对以上问题，本书在国内外相关研究的基础上，对基于多特征融合的路面破损图像自动识别方法进行了系统化研究。该方法对路面破损图像的灰度、纹理、边缘、形状等多种特征进行了定性和定量分析，继而选择出能够准确描述路面破损目标特性的关键特征，并通过多种融合规则和融合方法对这些特征进行融合，最终实现路面图像的准确分类和破损目标的精确分割。本书研究成果拓展了多特征融合理论在交通领域的应用，同时为公路养护管理部门提供更为科学、实用的路面破损数据处理方法和工具。

全书共 6 章。第 1 章介绍了国内外路面破损检测系统的研究进展；第 2 章介绍了路面破损图像特征分析及处理流程；第 3 章阐述了融合边缘与灰度特征的道路标线精确分割方法；第 4 章提出了融合纹理与形状特征的路面破损图像初始分类方法；第 5 章重点分析了基于 D - S 证据理论与多特征融合的裂缝类目标检测方法和相关算法设计；第 6 章介绍了破损图像自动检测系统集成及软件开发方法。

　　长安大学徐志刚副教授撰写了所有章节内容，并负责全书的统稿。课题组的车艳丽、李金龙、龙可可同学参与了本书的编写和校勘工作。本书的出版得到了陕西自然科学基金（S2013JC9397）、交通部基础应用项目（2015319812060）、国家自然科学基金（60902075）、中央高校科研业务费项目（310824163202、300102248403）的资助，在此向相关部门表示深深的感谢。

　　由于作者水平有限，书中难免存在不足之处，恳请各位读者批评指正。

编　者

目　　录

第 1 章 绪 论

"乐游原上清秋节,咸阳古道音尘绝","蜀道之难,难于上青天"。在中国古代,道路承载着深厚的历史文化记忆,是古诗词中常用的抒发离别情怀与征途感慨的象征。同时,道路作为国家政治、军事、经济命脉的重要角色,数千年来也一直未变。早在西周(公元前1046—前771),我国就有了类似于今天的道路。《诗经·小雅·大东》中云:"周道如砥,其直如矢",意思是周朝的道路像磨刀石一样坚实平坦,如箭一般笔直。周朝开创了划分城市道路与郊外道路的先河。郊外道路分为路、道、涂、畛、径五个等级,与之对应的则是齐备的服务设施:"凡国野之道,十里有庐,庐有饮食;三十里有宿,宿有路室,路室有委;五十里有市……"。秦汉时期,道路以政治、军事用途为主要功能。公元前212年,秦始皇为防御匈奴修建了世界上第一条高速公路——秦直道,该道路全长700多公里,南北走向,为求其"直",修筑过程中遇山开山、遇沟填沟,并且越过了黄河,其平、宽、直,都符合现代高速公路的特征,秦朝骑兵沿着直道,三天三夜即可驰抵阴山脚下。汉朝在秦朝道路的基础上扩建延伸,构建了以京城为中心,向四面辐射的交通网。在邮驿与管理制度上,汉朝也继承并改善了秦朝制度。在唐代(618—907),京城长安成为全国陆路交通枢纽,并且对外交往频繁。洛阳、扬州、泉州、广州等城市,也随着道路建设的发展,逐渐成为国内外交通的重要中转站。唐、宋及明、清时期,商品经济得到较大发展,道路开始逐渐具有通商的功能。清末,1901年第一辆汽车驶入中国,我国才开始具有真正现代意义上的公路[2],由中国军队修建的滇缅公路(又称"史迪威公路")连接印度东北部的雷多和中国云南的昆明,在枪林弹雨中为中国抗日战场运送了5万多吨急需物资,被称为"抗日生命线"。

道路不但具有重大的政治和军事意义,同时对推动国家经济建设和工农业现代化建设的高速发展发挥着不可替代的作用。为了提高国家的基础设施和交通运输的发展水平,世界各国普遍都很重视公路交通的建设。20世纪80年代改革开放后,我国开始大力投资国、省、县干线公路,城市道路、农村公路的建设,这些基础设施的建设带动了汽车、钢铁、能源、化工、建筑、旅游等相关产业的发展,提供了大量就业机会,推动了中国近30年的高速经济增长,创造了世界称道的"中国奇迹"。2008年11月,国家为应对金融危机推出扩大内需以刺激经济增长的方案,出台了总额约4万亿元人民币的一揽子投资计划,在这些投资中,约有15 000亿元被投入到基础设施建设中。在每年的政府工作报告上,对公路水运的投资每年都超过万亿元。到2017年年底,全国公路总里程达477.96万公里,比上年末增加了7.82万公里,其中,高速公路达10.23万公里,超过美国的10万公里[3],居世界第一。

20 世纪 70 年代中期，西方发达国家在经历了大规模的公路建设之后，突如其来的公路养护巨大需求、养护资金短缺和公众对快速安全出行要求的提高，使这些国家的公路养护管理部门遇到了前所未有的新问题。面对突然到来的大规模公路养护时代，西方国家投入了巨大的人力、物力和财力，实施了系统的科学研究，研发了新的检测技术、检测装备、科学的决策理论、决策方法，基于全寿命的养护设计技术和新型养护材料，建立了现代养护决策制度体系。通过新技术的广泛应用，改变了传统的公路养护模式，缓解了公路养护的压力，使公路养护走上了可持续发展的道路[4]。

我国在不久的将来，将遇到与西方国家当年一样的问题，即受土地、环境、资源、人口的限制，道路规模的增长将趋于平缓。可以预见，在未来 30 年内，我国公路的建设速度将逐步放缓，同时公众对道路的质量和服务要求将进一步提高，因此公路的养护问题将日益严峻，大量在役公路在交通荷载和自然因素的作用下，将逐渐产生各种病害，严重影响路面的承载能力、耐久性，以及车辆的行驶速度、燃油消耗、行车安全和舒适性。近年来，我国每年用于公路养护和翻修的费用已接近 700 亿元，随着路网密度的增加和我国公共交通需求的增长，以及物流系统的进一步完善，这一费用将进一步增加[6]。2016 年年底，在收费公路上仅用于公路养护的支出达 476.3 亿元，公路改扩建支出达 228.7 亿元。

交通运输部早在 2001 年就颁布了交通行业标准 JTJ 073.2—2001[7]，用来规范沥青路面的养护作业，规范指出，养护部门必须加强路况巡视，掌握路面的使用情况，制定日常小修保养和经常性、预防性及周期性养护工程计划，以有效降低道路养护费用。为适应大规模、高效率和高质量的公路养护管理要求，路面管理系统(Pavement Management System，PMS)得到了广泛的推广和应用，它改变了传统落后的公路管理模式。路面破损自动识别技术是 PMS 中的一个重要环节，只有获得了准确的路面破损数据，PMS 才能为路面的养护和修复提供一个高效、低成本的解决方案。目前，国内的路面破损检测主要靠人工巡视，不但劳动强度大、检测速度慢，而且十分危险。自 20 世纪 80 年代以来，随着现代光学技术和计算机技术的飞速发展，欧美等发达国家先后开发了基于激光测距和数字图像处理的多功能检测车[8-12]。这种检测车具有检测效率高、人为因素少、不影响交通的优点，在路面检测中得到了越来越多的应用。我国在这方面起步较晚，但是发展迅速，目前已接近世界先进水平[13]。由于路面图像具有以下特点[14]：① 路面所处环境具有较强噪声(路面材料粒径噪声、交通标志白线、路面抛洒物、不均匀光线照度、遮挡阴影等干扰)；② 路面破损形式多样，采集图像的特征随地域、气候、天气、时间等条件的变化而千差万别；③ 摄像机安装在车身上，存在多个自由度的机械振动，导致路面图像出现扭曲、拖尾和模糊现象。现有的路面自动检测系统依然普遍存在实时性差、识别率低和分类难等缺点。目前，国内现有的路面调查方法在很大程度上还都依赖于人工，虽然近几年陆续引进了一些国外先进的路面检测系统，这些系统在图像采集方面已经趋近成熟，但在破损识别方面的应用效果并不理想，因此寻找一种简单、高效的破损图像识别算法和正确率高的路面破损图像自动分类方法仍然是当前急需解决的难题。

1.1 路面破损检测系统国内外研究进展

从 20 世纪 70 年代第一辆路面破损自动检测设备（法国的 GERPHO 系统）诞生到现在，国外的路面自动检测系统大致经历了近 40 年的发展和更新换代，根据图像的采集方式，大致可分为以下六个阶段的产品。

1. 基于模拟摄影技术的路面快速检测系统

基于模拟摄影技术的路面快速检测系统最早起源于 20 世纪 60 年代末期，由日本的 PASCO 公司开始研发，但最早研制成功并投入使用的是法国 LCPC 道路管理部门开发的 GERPHO 系统。该系统的关键技术是同步摄影数据采集技术，系统采用 35 mm 电影胶片，由高速摄像机和车辆定位系统来实现路面破损图像的同步采集。路面破损图像胶卷经过冲洗，通过室内判读设备能再现路面损坏状况，这样技术人员即可在实验室判读各种路面病害，并将判读结果人工输入到数据库[4]。法国 GERPHO 系统的研制成功，对公路养护历史来说具有划时代的意义，它不但彻底改变了路面现场检测主要以人工为主的状况，而且极大地减轻了检测工作对交通流的影响。但由于该系统只能在夜间工作，存在实验室后期处理工作量大、耗时过长、检测功能单一等缺点，因此未能得到普及。

2. 基于模拟视频技术的路面快速检测系统

随着模拟视频技术与磁带存储技术的发展，20 世纪 80 年代出现了基于模拟视频技术的路面快速检测系统。该系统与基于模拟摄影技术的系统相比，在硬件和功能上均有较大提高，其最主要的技术特点表现为：

（1）使用当时最先进的模拟视频技术，通过高性能的模拟摄像机对路面损坏数据进行采集，路面图像全部存储在高密度的录像带中。

（2）在路面破损检测的基础上，又逐渐增加了路面平整度、路面车辙和前方图像等数据的检测功能。

（3）后期图像数据处理软件在功能上得到较大提升。

该类检测设备中最具代表性的是日本的 Komatsu 系统。该系统采集图像的最大分辨率可达到 2048×2048，系统利用安装在检测车两侧的激光扫描器发出的氪激光对路面进行照明，通过安装在前保险杠上的模拟摄像机捕获路面图像，所有视频全部存储在高密度的录像带中，每秒可存储 100 Mb 的图像数据[15]。Komatsu 系统代表了当时最先进的硬件技术，但是由于该系统不能识别裂缝类型，且为了控制光照条件，只能在夜间工作，车速必须控制在 10 km/h 内，因此未得到推广。

3. 基于高速面阵数字相机的路面快速检测系统

20 世纪 90 年代中期以后，CCD 数字成像技术和计算机图像处理技术的飞速发展，促进了以低成本、高分辨率、高采集速率的数字相机为采集设备的路面快速检测系统的诞生。这种数字相机与模拟视频摄像机的区别是：数字相机将物体图像的灰度或者色彩直接转成像素矩阵形式的数据，无需经过模拟/数字转换，其空间分辨率和图像采集速率要远远高于模拟视频摄像机。该类系统具有以下优点：

（1）采用面阵 CCD 传感器对路面图像进行捕获，通过专用总线接口（CameraLink、千兆网、PCIE 等接口）直接将图片数据存储到计算机硬盘中。

（2）采用图像压缩技术对采集的图像数据进行实时压缩存储，节省硬盘空间。

（3）采用 GPS 定位技术和陀螺仪惯性系统对路线几何线型及横纵坡数据进行采集。

（4）在后期数据处理过程中，采用路面图像预处理技术，提高了图像数据的处理速度和准确率。

这一时期比较成功的商业化产品有加拿大 RoadWare 公司开发的 ARAN 系统、澳大利亚 ARRB 公司开发的 Hawkeye2000 系统和瑞典 Ramboll 公司研制的 PAVUE 系统。这种系统的缺点是，由于数字相机的采集速率较高，成像曝光时间短，需增加人工照明光源（高速闪光灯或者 LED 恒光源）才能获得较好的拍照效果[4]。

4. 基于高速线扫描数字相机和激光照明技术的路面快速检测系统

2000 年以后，基于高速线扫描数字相机和激光照明技术的路面快速检测系统在路面破损检测、车辙检测、路面辅助照明及图像识别等方面取得了巨大突破，其主要技术特征如下：

（1）广泛采用线扫描相机技术和红外激光照明技术，使图像质量更加稳定。

（2）采用线激光车辙检测技术提高了车辙检测精度和检测系统的稳定性。

在第四代快速检测设备中，具有代表性的是加拿大 INO 公司生产的 LRIS 系统[16]和美国 ICC 公司生产的多功能路况检测系统[17]。如图 1.1 所示，INO 公司的 LRIS 系统采用两部高速、高分辨率线阵相机与两部大功率线激光源，按照交叉对称式的光学结构进行同步采集，两部线阵相机可以覆盖近 4 m 宽的路面，在 100 km/h 的工作速度下，该系统所采集的图像的横向最小分辨率可达 0.5 mm。由于采用了大功率线激光源，LRIS 系统可以全天候使用，并且消除了路侧物体、高架桥及检测车本身造成的阴影。

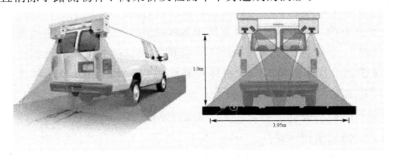

图 1.1　INO 公司的 LRIS 系统

5. 基于热成像技术的路面破损检测系统

基于热成像技术的路面破损检测系统采用红外热成像相机进行图像采集[18]（如图 1.2 所示），其主要技术特征如下：

（1）由于路面破损处与完好路面相比，反光率较小，路面破损处的表面温度与完好路面温度相差较大，两种图像形成强烈的对比。

（2）由于红外图像中路面纹理信息较弱，因此图像处理算法相对简单。

其缺点是红外热成像相机成本较高，图像采集速率和分辨率都有待提高，同时受天气影响较大，湿滑的路面无法进行检测。

图 1.2　基于热成像技术路面破损检测系统

6. 基于 3D 激光扫描技术的路面破损检测系统

基于 3D 激光扫描技术的路面破损检测系统采用 3D 激光扫描技术获取路面的细微 3D 轮廓[19]，该系统采用线激光直射路面，用面阵相机拍摄激光线在路面上的投影，然后通过图像处理算法获得路面上每一个点的高程差。3D 激光扫描技术的特点是获得的图像是路面的点云集合，不含复杂的纹理和颜色信息，给后期的图像处理带来了便利。该系统目前存在的问题是检测数据量大，因此可靠性仍需进一步提高，但是代表了未来路面检测系统的发展方向。

图 1.3 所示为 3D 激光扫描技术获取的路面图像。

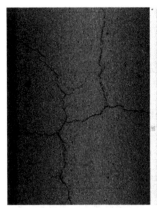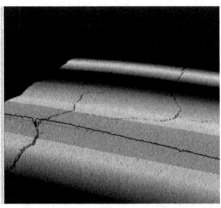

图 1.3　3D 激光扫描技术获取的路面图像

表 1.1 列出了近年来全球比较知名的道路自动检测系统。

表 1.1　近年来全球比较知名的路面自动检测系统

系统	制造商	国家	图像采集技术	制造商规范	备注
Argus	Schniering ING	德国	1 部模拟视频摄像机和同步闪光灯	图像存储在录像带上之后，采用人工分析	属于人工分析系统，自动系统还在开发中
Greenwood	Greenwood Engineering	丹麦	1 部线扫描数字相机，采用 LED 恒光灯进行补光	像素分辨率为 2 mm，最高车速达 80 km/h，未开发出软件	未开发出裂缝检测软件
HARRIS	TRL/HA	英国	3 部线扫描数字相机，卤光灯照明补光	后处理，像素分辨率为 2 mm，最高车速达 80 km/h，检测宽度为 2.9 m	以 TRACS/TTS 为参考原型
PAVUE	Ramboll	瑞典	4 部面阵高清数字相机，采用闪光灯同步补光	实时处理，最高车速达 90 km/h，检测宽度为 3.2 m	
RAV	WDM Ltd	英国	4 部标准模拟视频摄像机，采用闪光灯同步补光	实时处理，像素分辨率为 2 mm，最高车速可达 90 km/h，检测宽度为 3.2 m	

续表

系统	制造商	国家	图像采集技术	制造商规范	备注
TTS	Jacobs-Babtie	英国	4 部标准模拟视频摄像机，采用闪光灯同步补光	实时或是后处理，最高车速可达 90 km/h，检测宽度为 3.2 m	采用 Ramboll 系统的软件
ADVantage	Fugro	美国	4 部面阵高清数字相机，采用闪光灯同步补光	实时处理，像素分辨率为 3 mm，最高车速可达 110 km/h，检测宽度为 4.1m	系统夜间工作，裂缝检测软件与 WayLink 密切相关
ARAN	Roadware/DCL	加拿大	4 部面阵高清数字相机，采用闪光灯同步补光	后处理，检测裂缝大于 3mm，最高车速达 80 km/h，检测宽度为 4.0m	人工干预能提高软件的裂缝识别性能
ARIA	MHM Associates Inc	美国	标准模拟视频	图像数字化、后处理检测裂缝	该系统当前处理状态不明确
Laser VISION	GIE Technologies Inc	加拿大	6 部线激光摄像机，后面 2 个，侧边 4 个	后处理，大概 330 像素，最高车速达 72 km/h，检测宽度为 3.6 m	非可见光系统，纵向分辨率低
Pathrunner	Pathway Services Inc	美国	标准模拟视频	半自动裂缝测量	非全自动
uniAMS	Ashara Systems	美国	数字视频摄像机，自然光补光	后处理，像素分辨率为 0.5 mm	系统支持用户车辆，未规定光照
Hawkeye 2000 Series	ARRB	澳大利亚	数字高清相机和同步闪光灯	用图像分析软件后处理，最高车速达 110 km/h，检测宽度为 2.7~4.0 m	
IIV	Hanshin Expressway Public Corporation	日本	线激光作为光源，2 个 CCD 摄像机检测车辙，2 个 CCD 摄像机检测坑槽和裂缝	三角测量原理，测量车辙误差为 3~4 mm，用二值和差分处理方法检测坑洞裂缝	非基于图像的原理
RoadCrack	CSIRO	澳大利亚	持续光照下的 4 部线扫描摄像机	实时处理，像素分辨率为 1 mm，车速可达 5~100 km/h，检测宽度为 2.9m	系统限制车宽 2.5m

除了商业公司开发的路面快速检测系统之外，国外一些大学和研究机构也纷纷开发了自己的快速路面检测设备。比较有代表性的有：美国阿肯色大学 Wang 教授开发的 DHDV 检测车[20]，德州大学奥斯汀分校 Huang 和 Xu 教授开发的 CrackScope 系统[11]，犹他州立大学 Cheng 教授开发的路面破损自动检测系统[21]。

我国在 20 世纪 90 年代末开始进入这一领域，虽起步较晚，但是发展迅速，已经接近国际先进水平，目前比较出色的系统有：南京理工大学开发的 JG-1 路面状况智能检测系统[13]，北京公路科学研究院开发的 CiCS 路况快速检测系统[22]，武汉大学开发的 ZOYON-RTM 型车载智能路面检测系统[13]，长安大学开发的 CT-501A 型高速激光道路检测车[23] 和道路综合信息采集车。

近年来，随着现代光学技术、计算机技术及传感器技术的飞速发展，国内外大量研究者和企业将这些新技术应用于路面破损图像全自动采集系统的研究与开发之中，使得路面破损图像采集技术已趋近于成熟，目前广大研究者正集中力量进行路面破损图像自动识别算法和路面管理软件的开发。

1.2　路面破损图像自动识别算法国内外研究进展

自 20 世纪 70 年代第一台路面快速检测系统诞生以来，国内外有关学者和研究人员就开始致力于路面破损图像自动识别算法的研究。近 50 年来，相关研究人员不断地将数字图像处理领域的新技术应用于路面破损图像的增强、目标分割、目标参数测量、目标分类等各个环节中，伴随着每一次数字图像处理技术发展的小高潮，都会有大量新的路面破损识别算法涌现。本书收集了自 1990 年以来国内外路面破损图像自动识别领域的大量文献，并对文献中的算法进行了整理和分析。

1. 路面破损图像的增强

由于光照不均匀、阴影遮挡等原因，路面破损图像经常出现畸变或者亮度分布不均匀的情况，再加上路面材料颗粒噪声、油污、水渍、道路标线等的影响，使得路面破损图像信噪比较低，而且路面裂缝等破损目标在整个图像中比例较小，裂缝信号很容易淹没在噪声背景之中，因此在对路面破损图像进行识别之前，通常需要对其进行增强处理，使破损目标具有更高的对比度，更易于识别。

为了消除路面破损图像的光照不均匀，Cheng 等[24]用原始路面图像减去经过低通滤波的模糊图像，得到一幅图像差，该图像差消除了光照的缓慢变换以及道路白线标记、轮胎印等大面积噪声，同时保留了裂缝信息。

高建贞等[25]提出了一种快速实用的灰度校正算法，也采用了类似的图像差方法对图像灰度进行校正。此类方法的缺点是在消除背景光照不匀的同时，降低了破损对比度。

唐磊等[26]提出了一种基于多偏微分方程融合的增强算法，在路面图像的去噪、裂缝边缘锐化和增强裂缝等方面均取得了良好的效果，但是算法中的几个重要参数需要经过一定的统计分析才能获得，而且这些参数只能适用于同一条件下获取的路面图像，不具备通用性。

王兴建等[27]将灰度去噪模型、空间滤波去噪模型、裂缝特征去噪模型与几何特征去噪模型串联起来，构成了一个多级去噪模型，该模型在路面图像的去噪、裂缝信息提取等方面有一定改进，但是模型的参数不具备通用性。

闫茂德等[28]和刘玉臣等[29]将模糊理论应用于路面破损图像的增强，取得了较好的效果。

左永霞等[30]将小波包引入到路面图像降噪中，该算法将路面图像分解后，在每一级尺度上进行降噪处理。

张大奇等[31]将多尺度几何分析技术用于路面破损图像的增强，提出了一种自动脊波图像增强算法，该算法首先对图像进行 Ridgelet 变换，然后采用模糊熵和模糊散度对变换后的高频系数进行拉伸，最后通过 Ridgelet 逆变换得到增强后的图像。

李清泉[32]等采用电子印相机的原理，利用 Wallis 变换对路面破损图像进行掩模处理，在增强图像反差的同时又抑制了噪声，从而得到灰度均匀分布的路面破损图像。

2. 路面破损目标的分割

路面破损目标(裂缝、坑槽、麻面等)的分割是整个路面破损识别过程中的关键，目标分割的好坏直接影响到后期的路面破损分类和评估。由于沥青路面图像的多纹理性、多目标性、裂缝的弱信号性和图像光强的多变性，开发一种识别准确率高、通用性好和运算速度快的路面破损目标分割算法对广大研究者来说是一个重大挑战。近 30 年来，路面破损识别领域的大量文献都集中于该问题的研究，提出了大量分割算法，这些算法可大致分成以下 5 大类。

1) 基于阈值的分割

阈值分割是一种最古老、应用最广泛的图像分割算法，其原理为：选取一个合适的阈值 T，将灰度图像中每个像素 $g(x, y)$ 按照灰度大小划分到背景和目标中。由于阈值分割算法简单有效、运算速度快，因此被广泛应用于路面破损的图像分割之中。

Kirschke 等[33]提出了基于直方图的路面破损图像阈值分割方法，首先将路面破损图像划分为不重叠的一些子块，通过这些子块的直方图特征将其划分为裂缝子块和非裂缝子块，该方法只能适用于较明显裂缝的识别。

Jitprasithsiri[34]对 Ostu 阈值、回归法、松弛因子法、Kittler 阈值四种路面破损图像阈值分割方法进行了对比，发现回归法的效果最好，但是回归法最大的缺点是：针对不同路面图像数据集，需要采用人工方式建立阈值回归模型，因此不具备通用性。

Oh 等[35]针对回归法的缺点提出了一种迭代的裁剪法，这种方法迭代地使用均值和方差去除噪声像素，保留裂缝像素，但这种方法不适合于弱对比度裂缝的识别。

Cheng 等[24]提出了一种基于模糊集理论的路面破损图像阈值分割算法，首先使用一个钝化掩模算子对原始图像进行模糊化，得到一幅低通滤波图像，然后用原始图像减去掩模图像得到一幅差分图像，最后通过模糊集理论得到一个全局阈值，并将差分图像进行二值化。该方法无法检测细微裂缝，并且耗时较长。

Cheng 等[36]提出了一种基于减少样本空间和插值的实时阈值分割算法。其基本思路是沥青路面图像的分割阈值与像素灰度的均值和方差明显相关，该算法首先建立一个巨大的样本空间 $S = p(\mu, \delta, t)$，其中 μ，δ 代表像素灰度的均值和方差，t 代表人工最优阈值，通过去掉相似样本、减小样本空间可以提高算法的实时性，但是该算法仅通过像素灰度的均值和方差来确定阈值，未考虑裂缝的空间分布特性，其漏检率和误检率都很高。

孙波成等[37]使用一种掩模平滑法对含有大量噪音的路面图像进行增强，然后采用最大类间、类内距离准则对图像进行阈值分割，提取图像上的裂缝特征。从分割结果看，还存在一些孤立的噪点，并且裂缝边缘之间存在不连续的情况。

李清泉等[38]将路面破损图像由像素级转换成单元级，然后将图像分成一些不重叠的块（每一个块由多个单元组成），并利用临域差直方图来确定每一个块的分割阈值，最后根据裂缝的几何特征进一步去掉噪声点。该算法同样不适合于弱对比度裂缝的识别。

2）基于边缘检测的分割

边缘检测是图像分割领域的一大通用技术，通过边缘检测可以快速提取图像中的有用信息。近 30 年来，大量简单而有效的边缘检测算子（例如 Robert 算子、Sobel 算子、Prewiit 算子、LOG 算子）被开发出来，但是这些算子大都是针对单一尺度的边缘检测，且大多数是针对阶跃边缘，而路面裂纹是一种多尺度的脊边缘，因此用这些传统的算子进行裂缝边缘检测的效果较差。Canny 算子被认为是最好的检测算子，该算子首先通过高斯滤波器对图像进行平滑，然后使用 4 个方向的 Mask 算子与原始图像作卷积，保留每个像素点上的卷积最大值以及该 Mask 的方向，最后通过两个阈值来确定这些点是否为边缘。针对裂缝破损的边缘特性，国内外研究者提出了多种检测算法。

伯绍波等[39]、冯永安等[40]、李晋惠等[41]设计了多个方向的 Sobel 算子对沥青路面图像进行卷积，取最大响应值为边缘点，然后对图像进行阈值分割得到裂缝目标。该算法操作简单、边缘漏检率低，但是易产生伪边缘，而且阈值不易确定。

张娟等[14]认为边缘检测方法中仅将灰度变化的幅度作为局部边缘提取的主要度量是存在问题的，为此提出采用相位编组法进行裂缝提取。该算法利用边缘的方向信息，将空间上相邻方向上相近的边缘合并在一起，有利于检测出有弱对比度的裂缝及细小裂缝，但该算法产生的伪裂缝较多。

Huang 和 Xu[11]提出了一种基于 GCA 的边缘检测算法，将路面图像划分为若干个大小为 8×8 的网格，通过检测这些网格边界上是否存在明显"波谷"来判别这些网格内是否含有裂缝，若存在明显"波谷"，则以边界上的最小灰度值作为种子点，然后通过对这些种子点进行校验和跟踪，得到最终的裂缝。

　　Sorncharean 等[42]采用双 GCA 链对 Huang 和 Xu 的算法进行了改进,能较好地消除阴影造成的影响,该方法的难点在于不易确定网格上是否存在"波谷"。

　　唐磊等[43]将二维平面图像映射到三维空间曲面,使得在二维平面中难以描述的裂缝信息在三维曲面中能通过一条狭长的"山谷"来准确地描述。通过分析三维曲面中"山谷"的曲率特征,采用基于微分几何的空间检测算子可准确提取曲面中的"山谷",并映射到二维图像平面中作为裂缝点,该算法不适合于细微裂缝的检测。

　　3) 基于多尺度的分割

　　由于路面破损目标具有多尺度特征,因此采用同一种尺度的边缘检测方法很难检测出各种尺度的裂缝。

　　Subirats 等[44]用小波变换的方法,先对二维图像进行小波分解,对分解后各方向的系数作相关变换,再用经过变换后的系数重构图像,最后作二值化处理以判断该图像是否为裂缝图像。

　　Zhou 等[45]通过小波变换将路面破损图像分解成含破损目标和噪音的高频分量和只含背景照度变换的低频分量,然后利用高幅小波系数百分比(HAWCP),高频能量百分比(HFEP),以及标准差(STD)来检测路面破损目标的类型。

　　Wang 等[46]采用一种 À Trous 小波边缘检测算法进行破损路面分割。该算法是一种非二进小波变换,通过一个非降采样的滤波器库实现。由于小波各向异性的特点,当裂缝弯曲度高或连续度低时,小波检测方法往往得不到较好的检测效果。

　　近年来,在小波分析、脊波分析基础上形成了一种新的多尺度分析方法——多尺度几何分析方法。该方法的目的是检测、表示和处理高维空间数据,可用来表达图像边缘的稀疏性,受到研究者的极大关注,已逐渐成为国际上计算机视觉和图像处理领域研究的热点。多尺度几何分析的产生符合人类视觉皮层对图像有效表示的要求,即局部性、方向性和多尺度性。国内外已经有学者将该方法应用于路面破损图像的检测。

　　Ma 等[47]根据非下采样 Contourlet 变换(NSCT)具有多尺度、多方向和平移不变性质的特点,提出了一种基于非下采样 Contourlet 变换的路面病害检测方法,该方法对路面微小裂缝检测效果较好。

　　南京理工大学王刚等[48]在脊波分析 Ridgelet 的框架下,提出了一种结合二进小波变换的局部脊波变换提取图像中的局部线性特征的新型算法,应用在含有线性裂纹的高速路面,通过寻找奇异点来得到裂纹的位置及宽度,且具有较高的几何逼近程度及信噪比。基于多尺度方法仍然存在算法复杂、通用性不高等问题。

　　4) 基于纹理和分形几何的分割方法

　　纹理是图像的一种非常重要的特征,在模式识别、图像检索和计算机视觉等众多领域中起着非常重要的作用。任何图像均可认为是由一种或多种不同纹理组成的。图像的纹理是区域性的特征,可用粗细度、对比度、方向性、线状性、规则性、粗糙度、凹凸性等特性进行描述。近年来，部分学者将纹理应用于路面破损图像的分割。

初秀民等[49-53]将路面破损图像等分为 64×64 像素的子块图像，采用当前子块图像的灰度方差值，用所有子块图像灰度方差的均值和最小值来描述每个子块的纹理，然后通过人工神经网络将子块分为裂缝子块和非裂缝子块。

Oliveira 等[54]采用子块图像的均值和方差来描述子块图像的纹理，通过六种分类器来区分这些子块。

王华等[55]、胡勇等[56]将路面破损图像等分为一些不重叠的子块，利用标准分数布朗运动矢量作为描述子块图像的分形纹理特征，采用聚类的方法区分裂缝子块和非裂缝子块。

王华等[57]提出利用差分计盒方法来描述路面破损图像的纹理。在利用差分计盒方法计算图像分形维数的基础上，又提出了差分计盒方法的改进算法。即将路面灰度图像转换成另一种分形维数图像，利用简单的直方图阈值方法分割分形维数图像，其分割结果优于 Sobel 算子的分割结果。

章秀华等[58]采用子块图像的均值和方差来描述子块图像的纹理，通过六种分类器来区分这些子块。利用裂缝像素邻域像素的灰度差、对比度、灰度相似性作为描述裂缝像素区域的纹理特征来区分裂缝像素和非裂缝像素。

经实验发现，以上基于纹理的算法对于较清晰的裂缝有较好的识别效果，但是对于低对比度裂缝的识别效果较差，主要是因为路面背景噪声与裂缝具有相近的纹理特性。

5）其他分割算法

Tanaka 等[59]将形态学方法用于裂缝检测，通过形态腐蚀、膨胀、开、闭等算子的组合处理来提取路面图像中的线性目标。

Yan 等[60]先构造了特定的中值滤波器对图像进行增强，然后用基于灰度形态算子的边缘检测算法检测裂缝。

Liu 等[61-62]提出了一种基于区域生长的复杂路面图像的裂缝自动检测算法。但是这种基于区域生长的方法需要人工设定种子点，主观性较强，当图像被噪声污染时，容易造成边缘的错误判断，形成一些多余的空洞。

Chambona 等[63]给出了一种利用马尔科夫随机场的方法提取路面图像中裂缝边缘的方法。

张洪光等[64]提出了一种基于人工种群和 Agent 的路面裂纹检测算法，该算法遵循人工生命应用由下而上的方法来构建算法的原则，避免了固定的算法结构，具有较好的适应性和灵活性。该算法在噪声、油污和黑斑的处理方面取得了一定进展。

Alekseychuk[65]提出了基于动态优化的裂纹类目标检测算法，该算法采用图论的分析方法，将图像上的像素看做图上的节点，认为裂缝是由某些具有相似特征的节点组成的一条路径，因此定义了一个如公式(1.1)所示 的计分函数 $f(p_1, p_2, \cdots, p_n)$，该函数的自变量为路径上的节点坐标，通过计算这些节点组成的目标的信噪比、形状参数、目标存在的先验概率来判断该路径是否为分值最高路径，即裂缝目标。该算法检测准确率较高，但是需要人工设置初始位置，而且耗时较长，无法实现实时自动检测。

$$Crack = \arg \max_{(n, \, p_1, \, p_2, \, \cdots, \, p_n)} f(p_1, \, p_2, \, \cdots, \, p_n) \tag{1.1}$$

李清泉等[66]、Vivek Kaul 等[67]分别提出了基于最小代价路径和最短路径的路面裂缝检测算法，这两种算法与 Alekseychuk 提出的算法相似，也是基于图论的分析方法。这两种算法认为由纯裂缝像素组成的路径，其代价函数最小，可较好地解决二值化后裂纹不连续的情况，但耗时较长。

李刚等[68]尝试将灰色理论应用到路面图像的预测与分割中来，阐述了 10 种结合灰色关联分析、灰熵理论、灰色预测模型的路面图像去噪、滤波、增强及边缘检测新算法。

3. 路面破损图像的分类和评估

文献[7]指出，在计算路面综合破损率(DR)时，路面的破损类型和严重程度对应着不同的换算系数，因此在对路面破损图像进行识别时，除了要将路面破损目标进行分割外，还需对破损目标进行分类，对破损程度进行计算，最终对路面的质量进行评估。近 20 年来，有关学者在路面破损图像的分类和评估领域做了大量的研究工作，并取得了一定的成果，其主要研究思路为"目标分割→特征提取→目标分类→综合评估"四个步骤。

Chua 和 Xu[69]提出了一种基于不变矩和神经网络的路面裂缝分类算法。该算法将路面图像二值化后，计算图像的 Hu 矩、Bamieh 矩以及 Zemike 矩等 18 个矩变量作为多层感知器的输入，通过训练和测试，可以达到 100％的分类精度，具有较高的复杂度。

Acosta 等[70]采用几何和纹理特征来对路面破损图像进行分类，并对其破损程度进行定量评估。

Miyojim 等[71]对路面破损图像进行细化处理，并提取骨骼化后的路面破损图像的交叉点，破损区域的周长、面积、数量等几何形状特征来区分路面破损图像。

Cheng 等[24]提出用 hough 变换来检测裂缝的类型。

Wang 和 Kuchikulla[73]预先建立了一个各种类型的路面破损图像库，然后将采集的图像与图像库中的图像进行比较，以库中特征最相似的破损类型作为当前图像的类型。

Lee 等[74]将路面破损图像划分为多个互不重叠的子块，用局部统计的方法判断子块中是否含有裂缝，以此将图像转换成一个只含有裂缝子块的二值矩阵，然后对二值图像进行水平和垂直方向的投影，再将该投影曲线转换成两个直方图向量，将其送入多层感知器中进行分类，可达到 95％的分类精度。

Zhou 等[75]通过小波变换对路面破损图像进行分解，然后利用高幅小波系数百分比(HAWCP)，高频能量百分比(HFEP)，以及标准差(STD)来对破损图像的类别、破损程度、扩展性进行分类。

Lee 等[76]研究了基于神经网络的路面裂缝自动分类，提出了三种路面裂缝自动分类算法，即基于图像灰度的神经网络、基于直方图的神经网络及基于近邻点的神经网络。研究结果显示：基于近邻点的神经网络算法对常见的路面病害类型的分类效果最好。

长安大学丁爱玲教授[77]提出了一种基于支持向量机的裂缝图像分类算法，并将其与基于小波神经网络的分类方法进行比较。实验证明，基于支持向量机的分类算法具有更高的识别准确率。

2008 年 Oliveira 等[54]评价了平方分类器、Parzen 窗分类、近邻分类和 fisher 分类六种裂缝图像分类方法，指出平方分类器具有较好的分类性能。

Fereidoon 等[78]将小波、Ridgelet、Curvelet 三种多尺度方法对路面破损图像进行分类，发现基于 Curvelet 变换的纹理描述能更有效地区分路面破损类别。

肖旺新[79-80]在已提出的破损密度因子算法的基础上，进一步设计出了混合密度因子，得到一种基于图像子块分布特征的路面破损识别算法。通过仿真，验证了其对常见的五种路面破损类型进行分类的可行性。

李清泉等[81]在路面图像二值化的基础上，根据子块加权方法进行加权子块化，同时兼顾噪声子块及邻域破损密度，利用高斯加权卷积核计算各破损子块的加权破损量，最后累计加权破损量与所有子块的比率作为该路面图像的破损指数。

目前，路面破损图像的分类和评估算法进展不大，主要是因为缺乏统一的路面图像测试样本和统一的算法评价标准。

1.3　路面破损图像自动识别技术存在的难点

近 40 年来，随着光学技术、计算机技术、数字图像处理技术、人工智能与模式识别技术的飞速发展，路面破损图像采集与识别技术取得了一些进展，特别是路面图像采集系统的性能得到了很大提升，逐步趋向成熟，具体表现为：① 高清数字相机的应用使得路面破损图像的分辨率大大提高，像素分辨率最高可达到 0.5 mm；② 由于采用了激光辅助照明技术，破损图像中的阴影得到了有效抑制；③ 可以在 80～120 km/h 的行车速度下进行图像采集，并保证不丢失数据；④ 图像存储容量大大增加，可达到 TB 级；⑤ 由于同步采集了 GPS 信息，因此可以采用 GIS 系统方便地管理图像数据。

但是到目前为止，全自动的路面破损图像采集与识别技术并未得到推广，采用自动采集与人工识别相结合的方法是目前应用最广泛的作业方式，路面破损图像自动识别技术仍然面临着许多挑战。美国联邦公路局和交通局曾组织测试，将不同设备的检测结果和人工检测结果进行比对，发现不同设备间存在着很大的差异，且精度难以保证。总体来说，存在以下几个问题：

（1）成像灰度不均匀。

　　使用高分辨率、高速度的广角 CCD 数字摄像机拍出的图像会有中间亮、边缘暗的现象，采用面阵相机和线阵相机均存在该现象，这使得后期的检测算法难以处理。

　　（2）算法通用性问题。

　　不同的路面使用的原材料和施工工艺不尽相同，再加上天气、环境、拍摄时间等因素的影响，路面图像的纹理和灰度特征千差万别，如图 1.4 所示。目前国内外研究者开发出了成百上千种路面破损图像识别算法，但是这些算法大多是针对同一样本集的破损图像进行开发的，因此在先验知识的约束下具有较好的识别效果，然而针对新的图像样本，往往需要调整算法的参数，当图像的主要特征发生变化时，算法往往会完全失效。

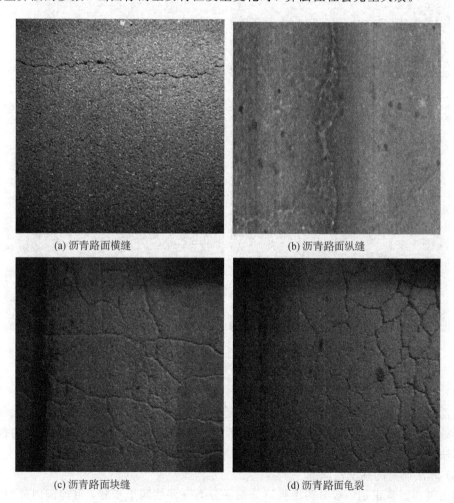

(a) 沥青路面横缝　　　　　　　　　　　　(b) 沥青路面纵缝

(c) 沥青路面块缝　　　　　　　　　　　　(d) 沥青路面龟裂

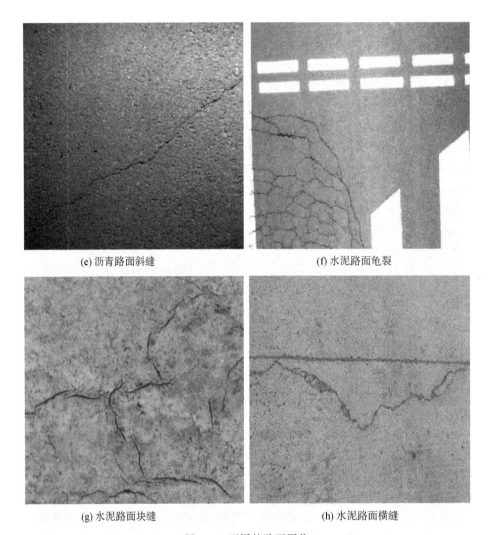

(e) 沥青路面斜缝　　　　　　　　　　(f) 水泥路面龟裂

(g) 水泥路面块缝　　　　　　　　　　(h) 水泥路面横缝

图 1.4　不同的路面图像

（3）算法效率问题。

目前在进行路面破损图像识别时，主要还是采用室外拍摄、室内识别的方式。由于算法需要处理各种不同的路面图像（如图 1.4 所示），针对不同的场景均具有较好的鲁棒性，因此算法复杂度较高，处理时间长。

（4）算法研究的系统性问题。

路面破损图像识别一般分为增强→分割→分类→评估四个步骤，目前国内外研究者开发出的算法大多都只侧重于某一方面的研究，很少研究四者之间的联系，以及四者之间的相互影响，研究缺乏系统性。

(5) 算法有效性的客观评估问题。

由于缺乏统一的测试样本，很难对已公布的路面破损图像自动识别算法进行统一的客观评估。对检测算法的评价主要有三个指标：检出率、漏检率和误检率。这三者之间相互联系，又互为矛盾，一般检出率越高，误检率就会上升，漏检率会降低。反之，检出率越低，漏检率可能会上升，误检率会下降。对于已知算法，如何找到一个适当的平衡点或寻找新的算法使得既能提高检出率，又能降低漏检率和误检率，同时还能建立大量的测试样本库和人工分割底图（Ground Truth）对现有算法进行客观评估，这仍然是研究的热点问题。

综上所述，国内外研究者在路面破损图像自动识别领域取得了一系列进展，但是这些方法大多采用单一特征对路面破损目标进行识别（如灰度、边缘、纹理、变换域等特征）[82-86]。由于路面图像的复杂性和特征本身的局限性，采用单一特征很难有效地表示图像内容以完成破损目标与路面背景的分类。目前，大量商业化路面破损图像识别软件还处于人工辅助的半自动识别阶段，全自动的路面破损图像识别软件还未进入实用化阶段，大量研究者正在针对路面破损图像的独特特征进行更为深入的研究，力求在路面破损图像识别领域探索出通用性更好、准确率更高、实时性更强的新理论和新方法。近年来，图像融合技术的飞速发展，及其在目标识别领域的诸多成功应用，为路面破损识别技术的研究提供了新思路。

1.4　基于多特征融合的图像目标识别技术研究进展

随着计算机技术的发展，信息融合技术已成为一种新兴的数据处理技术。百度百科将"信息融合技术"定义为"利用计算机技术将来自多个传感器或多源的观测信息进行分析、综合处理，从而得出决策和估计任务所需的信息的处理过程"[87]。信息融合技术在近 10 年间得到了惊人的发展并已进入诸多军事应用领域。图像融合技术是信息融合技术的一个重要分支，分为三个层次（像素级、特征级、决策级），在这三个层次中，以多分类器组合为代表的决策级融合技术和特征级融合技术已成为当前模式识别领域研究的热点[88]。

特征级融合具有明显优势。事实上，对同一模式所抽取的不同特征矢量总是反映模式的不同特性，对它们的优化组合，既保留了参与融合的多特征的有效鉴别信息，又在一定程度上消除了由于主客观因素带来的冗余信息，对目标识别具有重要的意义[91]。有关特征级融合方面的研究，虽然起步较晚，但已初见端倪，并在人脸表情及人体生物特征识别[89-96]、交通目标识别[98-103]、军事及运动目标识别[104-109]、农业目标识别[110-111]、手写文字识别[112]等方面取得了较为成功的应用。

信息融合的本质是一种信息处理的思想，其概念容易理解，但有关信息融合的研究内容随着不同的应用领域而千差万别。从广义上讲，凡是利用不同信息源的数据进行处理的方法就属于信息融合方法[113]。

1. 信息融合技术的研究内容和现状

信息融合技术最早源于军事应用。由于信息融合思想的广泛适用性和实用性，其研究也散布于各个应用领域，在不同任务和应用条件下有不同的定义和研究内容。例如，在目标识别领域，主要研究如何利用多源数据的相关性、互补性以提高系统识别性能。在 C3I（Command，Control，Communication，Intelligence）军事指挥自动化领域，主要研究各种数据和信息的记录、管理、检测、相关、评价、合并，最终获得提炼后的目标状态和识别，以及对战局态势和威胁的全面、及时的评价。由于历史原因，早期的研究缺少统一的术语、概念。JDL（Joint Directors of Laboratories，数据融合工作组）建立了一个信息融合系统处理模型和概念定义[114]。这些模型和概念描述了信息融合处理系统所面临的技术问题，划分了各种信息融合技术的概念层次。它们虽然是从军事应用角度建立的，但基本概念是通用的，覆盖了信息融合处理所面临的各个方面，对于非军事应用也同样适用[115]，其包括的内容可以归纳为：

(1) 信息获取的集成和数据库管理；

(2) 信息融合的处理方法；

(3) 信息融合系统结构设计；

(4) 信息融合系统评估、控制、管理。

其中，信息融合的处理方法是信息融合处理的中心环节和研究最集中的领域。

JDL 信息融合模型如图 1.5 所示，其内容包括信息源预处理、目标求精、状态评估和威胁评估。

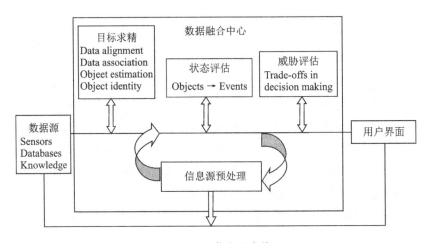

图 1.5 JDL 信息融合模型

（1）信息源预处理(Source preprocessing)。这个过程通过把数据分派给各个其他处理过程以降低系统数据负载，并且使融合过程关注与系统目前情况相关的数据，这里包括各种信号处理和检测问题。

（2）目标求精(Object refinement)。这个过程组合多传感器信息来获得对单个目标的位置、速度、属性、身份的优化的描述。

（3）状态评估(Situation accessment)。根据目标所处环境的上下文(context)情况，建立各个目标、事件之间的关系。它的主要目的是如人一样，建立对所处理对象的意义的解释。

（4）威胁评估(Threat refinement)。根据当前的情况分析未来有关敌方的意图、威胁，友方、敌方的弱点和各种行动的机会。这实际是对所观察对象的当前活动和未来发展趋势的分析和评价。信息融合技术发展迅速，其研究主要集中在目标求精，环境求精，威胁求精，信息融合系统评估、控制、管理。

把信息融合作为一项专门技术进行研究的时间并不长。20 世纪 70 年代后期，人们开始探索 C3I 系统中的数据融合技术，重点是增强计算能力、寻找有效的数据集成方法和改进传感器性能[116]。80 年代末，出现了少量的第一代数据融合系统，这些系统能有效融合来自现有的和改进后的军事传感器数据，大到战略海洋监视系统，小到战术系统。这些系统均从应用上说明了融合技术的巨大作用，对它们的研究一直持续到现在，有关文献中仍然有报道。目前军事应用主要包括自动目标识别、自主车辆导航、遥感、战场监视系统、自动威胁识别系统。

信息融合思想由于其广泛的适用性和实用性，在民用技术上也得到了巨大发展，目前主要应用于目标检测、识别和分类、信号变换、滤波和合成、控制系统的决策生成、诊断系统，自主式智能系统(如机器人)、工业过程监视、控制，以及各种管理决策系统[116]。

2. 基于多特征融合的图像目标识别研究内容和现状

1）特征级图像融合的原理

图像融合根据融合处理所处的阶段不同，通常在三个不同的层次上进行，即像素级融合、特征级融合和决策级融合[122]。这三个层次上所采用的融合算法各不相同，因此，图像融合通常按照这三个层次相应地划分为三类，其主要应用方向如图 1.6 所示。从数据处理代价和获得融合性能角度分析，这三个层次的融合各有优缺点。其中，像素级融合是最重要、最根本的图像融合方法，虽然处理开销大，实时性差，但是其精度高，融合结果直观，也利于进一步进行图像分析和理解；决策级融合是在信息表示的最高层上进行的融合，其任务是完成局部决策的融合处理，从而获得最终的联合判决，常用的决策级融合方法有贝叶斯方法、D-S 证据理论、粗糙集理论、模糊集理论等；特征级图像融合是中间层的融合处理过程，既保留了参与融合的多特征的有效鉴别信息，又在很大程度上消除了多特征之间相关性的冗余信息，保留了有效的目标分类信息，实现了可观的信息压缩，从而有利于信息的实时处理，对最终的图像理解具有重要的意义。

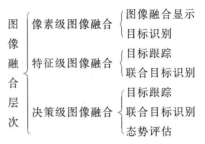

图 1.6　各层次图像融合及其主要应用方向

特征级图像融合可分为目标状态信息融合和目标特征融合。特征级目标状态信息融合主要应用于多传感器目标跟踪领域，其融合处理主要实现参数相关和状态矢量估计。特征级目标特征融合是特征层的联合目标识别，其融合方法中仍然要用到模式识别的相关技术，只是在融合处理前必须对特征进行相关处理，即对特征矢量进行分类和综合。更为重要的是，在模式识别、图像处理和计算机视觉等领域，人们已经对特征提取和基于特征的聚类问题进行了深入的研究，有许多方法可以借鉴。在融合过程中，常用到模糊方法、神经网络技术、聚类方法以及 Kalman 滤波器等。

已有文献论述了采用特征级图像融合方法进行目标识别的性能要优于像素级图像融合和决策级图像融合[88]。通过特征级图像融合不仅可以增加从图像中提取的特征信息进行综合分析及融合处理，还可能获得一些有用的复合特征，最大程度地降低训练学习的复杂性，提高算法的自适应能力。

融合图像特征提取目标的方法可以归纳为以下三类[117]：

（1）一幅图像中各种图像特征的融合。

（2）一个景物的同类传感器的多图像融合。

（3）不同传感模式的多图像融合。

本书采用的特征融合方法为第一类，即对一幅图像中多种图像特征进行融合，从而实现路面破损图像的自动识别。

2）特征级图像融合的应用现状

基于特征融合的目标识别最早用于战场监测和各种自动目标识别系统中。战场是一个非常复杂的场景，常常有很多隐蔽和伪装，多传感器获得的信息对于战场上的单兵检测、地形侦查、车辆或武器识别等都有得天独厚的优势。目前，这一技术已经应用于国外的很多军事设备中，如美英联合研制的"追踪者"战术侦察车、欧洲研制的"芬内克"战术侦察车都采用了电子稳像和信息融合的技术。

随着现代战争的形态朝非接触式的方向发展，精确制导武器的地位越来越重要，而且制导武器在进攻中遇到的对抗手段复杂多样，使得采用单一的制导方式力不从心，多模制导和多特征匹配就显得尤为重要。基于多传感器的多特征融合的目标识别是制导匹配未来研究的热点之一。特别是在军用航空电子领域，传感器数量众多、类型多样，为满足机载目标识别系统和航空光电侦察探测系统的功能要求，需要利用不同传感器的信息通过融合技术进行信息处理，例如在飞机的目标识别系统中，通过对目标成像的长宽、轮廓周长、分割后的面积、图像统计特征、辐射参数以及目标的运动方向、位置、速度、加速度等特征参数的融合进行目标的预警、识别、敌我判断。机载识别系统主要应用于飞机之间的识别，以及地面目标和水上目标的识别。

目前各军事强国都在积极开发各种利用信息融合技术的航空电子系统，如俄罗斯的米格-28 战斗直升机融合了来自雷达、红外、可见光图像的信息；美国的 F-35 战斗机采用光电合成孔径技术进行导航、告警以及红外搜索跟踪，机上综合中心处理器实现各个光电传感器的信息融合和综合。随着传感器技术的不断成熟和微电子技术的飞跃，人们已经能够实现机上对多谱段图像的实时融合和特征增强。由融合图像系统获得的地理位置信息将放入每个目标的 GPS 进行标记，完成"传感器-射手"式操作，无需将数据传送到地面站转换为目标信息，从而大大提高了战斗效能，降低了系统数据处理负担。应用表明，特征融合对于目标的识别和匹配具有越来越明显的优势[123]。

3）特征级图像融合算法的研究现状

目前存在的特征级融合算法大体上可以分为三类。

一种是简单的特征组合，即将所有的特征向量，按照串行、并行的方法组合在一起，构成新的特征向量[117]，也可以称做经典的特征融合算法，如串行和并行融合算法、基于协方差矩阵的方法和基于多特征直方图的方法[118]。

第二种是特征选择，即采用最优计算或智能计算的方法，从新组合的特征向量中，对每一维数据中都选择出一个对分类最优的数据，最后把选择出来的数据组成新的特征[119]，如基于遗传算法的特征融合算法[120]、基于人工神经网络的特征融合算法和基于模糊逻辑的特征融合算法[121]等。

第三种是特征变换，即使用一定的数学方法变换图像或者原始特征为一种全新的特征表达方式[122]，如基于复数主分量分析的方法、基于典型相关分析的方法[123]和基于复数独立分量分析的方法等。

通过大量的调研发现，目前采用图像特征融合技术进行路面破损图像识别方面的文献还鲜有报道。

本 章 小 结

　　本章主要对路面破损检测系统的国内外研究进展进行了综述，并指出了路面破损图像自动识别技术研究的难点，特别指出了图像融合技术是路面破损图像自动识别技术的有力工具。

第 2 章　路面破损图像特征分析及处理流程

2.1　路面破损类型及形成机理

1. 沥青路面破损类型

如表 2.1 所示，我国交通运输部颁布的《公路沥青路面养护技术规范》(JTJ 073.2—2001)[7]将沥青路面破损分为裂缝类、松散类、变形类及其他类型四大类，并对不同的路面破损进行了外观描述、定量分级。

表 2.1　沥青路面破损分类、分级

破损类型		分级	外 观 描 述	分级指标	计量单位
裂缝类	龟裂	轻	初期龟裂，缝细、无散落、裂区无变形	块度：20～50 cm	m²
		中	裂块明显，缝较宽、无或轻散落或轻度变形	块度：<20 cm	
		重	裂块破碎，缝宽、散落重、变形明显，急待修理	块度：<20 cm	
	不规则裂缝	轻	缝细，不散落或者轻微散落，块度大	块度：>100 cm	m²
		重	缝宽、散落，裂块小	块度：50～100 cm	
	纵缝	轻	缝壁无散落或者轻微散落，无或少支缝	缝宽：≤5 mm	m²
		重	缝壁散落多，支缝多	缝宽：>5 mm	
	横缝	轻	缝壁无散落或者轻微散落，无或少支缝	缝宽：≤5 mm	m²
		重	缝壁散落多，支缝多	缝宽：>5 mm	

续表

破损类型		分级	外观描述	分级指标	计量单位
松散类	坑槽	轻	坑浅，面积小（<1 m²）	坑深：≤25 mm	m²
		重	坑深，面积大（>1 m²）	坑深：>25 mm	
	麻面		细小嵌缝料散失，出现粗麻表面		
	脱皮		路面面层层状脱落		
	啃边		路面边缘破碎脱落，宽度 10 cm 以上		
	松散		细集料散失、路面磨损、路表粗麻		
			细集料散失、多量微坑、表面剥落		
变形类	沉陷		深度浅，行车无明显不适感	深度：≤25 mm	m²
			深度深，行车明显颠簸不适	深度：>25 mm	
	车辙		变形较深	深度：≤25 mm	m²
			变形较浅	深度：>25 mm	
	搓板		路面产生纵向连续起伏、似搓板状的变形		m²
	波浪		波峰波谷高差小	高差：≤25 mm	m²
			波峰波谷高差大	高差：>25 mm	
	拥包		波峰波谷高差小	高差：≤25 mm	m²
			波峰波谷高差大	高差：>25 mm	
其他类型	泛油		路面呈现出沥青膜，发亮、镜面、有轮印		m²
	磨光		路面原有粗构造衰退或丧失，路表光滑		
	修补		因破损或者病害而采取修复措施进行处置，路面外观上已修补的部分与未修补部分明显不同		
	冻胀		路基下部的水分向上聚集并冻结成冰引起路面结构膨胀，造成路表拱起或者开裂		
	翻浆		因路基湿软，路面出现弹簧、破裂、冒浆的现象		

　　为了便于自动检测，由美国联邦公路局颁布的路面破损识别手册[124]只定义了 5 种类型的破损，即龟裂、纵缝、横缝、修补与坑槽等破损，并规定这些破损可以由承包商采用视频方式进行测量。手册还要求测量车辙和粗糙度的两种变形指标，但必须由联邦公路局采

用数据采集车进行测量。手册规定每一种破损均可根据其几何参数及外观进行评级，然后根据这些评级对路面整体性能进行评估。

2. 路面破损程度计算

我国《公路沥青路面养护技术规范》(JTJ 073.2—2001)指出路面损坏程度用路面损坏状况指数(PCI)评价，PCI 的计算公式为

$$PCI = 100 - 15DR^{0.412} \qquad (2.1)$$

PCI 数值范围为 0～100，其值越大，表明路况越好。式中的 DR 表示沥青路面破损率，其计算公式为

$$DR = D/A \times 100 = \frac{\sum \sum D_{ij} \cdot K_{ij}}{A} \times 100 \qquad (2.2)$$

式中，

DR：路面综合破损率，以百分计。

D：调查路段内的折合破损面积，$D = \sum \sum D_{ij} \cdot K_{ij}$。

A：调查路段的路面总面积。

D_{ij}：第 i 类破损，j 类严重程度的实际破损面积。如为纵、横向裂缝，其破损面积为裂缝长度×0.2，车墩破损面积为长度×0.4。

K_{ij}：第 i 类损坏，第 j 类严重程度的换算系数，可以从表 2.2 中获取。

表 2.2　路面破损换算系数

破损类型	严重程度	换算系数/K
龟裂	轻	0.6
	中	0.8
	重	1.0
不规则裂缝	轻	0.2
	重	0.4
纵缝	轻	0.4
	重	0.5
横缝	轻	0.2
	重	0.4
坑槽	轻	0.8
	重	1.0

续表

破损类型	严重程度	换算系数/K
麻面		0.1
脱皮		0.6
啃边		0.8
松散	轻	0.2
	重	0.4
沉陷	轻	0.4
	重	1
车辙	轻	0.4
	重	1
搓板		0.8
波浪	轻	0.4
	重	0.8
拥包	轻	0.4
	重	0.8
泛油		0.1
磨光		0.6
修补损坏面积		0.1
冻胀		1
翻浆		1

《公路沥青路面养护技术规范》(JTJ 073.2—2001)根据 PCI 指数将路面质量分为优、良、中、差、次五个等级,评价标准符合表 2.3 所示。

表 2.3　路面行驶质量评价标准

评价指标 ＼ 等级	优	良	中	次	差
PCI 指数	≥85	≥70～<85	≥55～<70	≥40～<55	<40

3. 沥青路面破损形成机理

1）裂缝类破损

横向裂缝的影响因素主要表现在材料、结构、温度变化三个方面，按照成因又可分为温缩裂缝和半刚性路面的反射裂缝[125]。如图 2.1 所示为由温度引起的路表等距离横裂，图 2.2 所示为由半刚性基层引起的反射裂缝。

图 2.1　由温度引起的路表等距离横裂

图 2.2　由半刚性基层引起的反射裂缝

温缩裂缝又可细分为一次性降温引起的低温开裂和温度反复作用引起的疲劳开裂。低温开裂是指低温时，沥青劲度模量增大，沥青变脆，沥青混凝土应力松弛不能适应温度应力的增长，温度下降产生的应力超过混凝土的极限抗拉强度而使沥青路面产生开裂，这种开裂一般首先出现在路表，是路表裂缝的一种，并随着温度应力的持续作用向面层下部扩展；其次气温骤降时，混合料劲度模量急剧增大，超过极限劲度而产生开裂，这种裂缝常见于南方炎热多雨地区，夏季路表气温高，由于暴雨骤降，使得沥青混凝土路面温度急剧降低，从而产生开裂。

路面反射裂缝是由于面层下部的拉应力超过了沥青混凝土的极限强度所致，偏荷载作用下的主拉应力(或剪应力)和温度变化下的收缩应力是反射裂缝形成的根本原因。在冬季低温下，当基层开裂后，由于基层失去抵抗拉应力的作用，就在开裂位置将应力传递给面层，造成面层在裂缝处的应力集中，而且在低温下沥青面层的模量较大，它仅能承受较小的温度应力，因而极易产生反射裂缝[126]。

纵向裂缝产生的原因有多种可能性：在新建公路中由于碾压上的原因出现填土未压实或两侧密实度不均，使路基产生不均匀的沉陷而形成裂缝，如图 2.3 所示。

图 2.3 伴随有支缝的纵向裂缝

对于改建公路，因与老路相接处没有处理或者处理不符合技术规范要求，造成路基不均匀地沉陷或者滑坡而形成裂缝。特别是填挖结合部或填高沿横向变化较大处更易出现，其纵缝常是断续的。路肩加固处理或处理不当，路基边缘受水浸蚀，导致路基湿软、承载力不足，进而引起路面边缘的纵向裂缝，形成边缘裂缝或称啃边。填土含水量偏大，在冻胀作用下也会形成裂缝。沥青混合料摊铺时，由于接缝处理不当，造成路面早期渗水或压实度未达到要求，而在行车荷载作用下形成纵向裂缝，其裂缝相当长并且比较顺直，如图 2.4 所示。沥青含腊量偏高，延度偏于下限，油层抗拉强度低，加之受当地资源的影响，出现公路两侧空、重载失调，长期在行车荷载作用下形成纵向裂缝。轮胎破坏后轮毂在路面上行走造成的轮毂压裂在许多路上也常见到。

图 2.4　长且直的纵向裂缝

　　龟裂、不规则裂缝的形成主要是由于路面整体强度不足，沥青路面老化，在行车荷载的作用下形成的。龟裂是相互交错的疲劳裂缝，形成一系列多边形小块组成的网状开裂，它的初始形态是沿轮迹带出现的单条或多条平行的纵向裂缝，后在纵向裂缝间出现横向和斜向连接缝，形成网状裂缝。龟裂是沥青混凝土中沥青老化、松弛性能降低、车辆超载、行车荷载反复作用的结果。龟裂的产生，说明路面结构的强度不足以承受行车荷载的作用，是沥青路面的一种主要结构损坏类型。另外，基层排水不良，低温时沥青混合料变硬或变脆也能造成龟裂。

　　2) 松散类破损

　　松散类破损包括麻面、脱皮、松散、坑槽、啃边等多种形式(见图 2.5)，由于面层沥青用量不足，矿料级配偏粗，嵌缝料规格不当，或者低温、雨季施工，路面未能成型，部分粒料脱落，即形成麻面。如处理不及时，往往由于麻面渗水、油层碎裂，继而发展成为松散。如沥青(渣油)粘结力不足，或者加温过度，也可能造成松散。在路面养护中，一般是根据麻面和松散程度，分别采用洒油封面、加铺罩面层、局部挖补、分段新铺等方法进行处理。

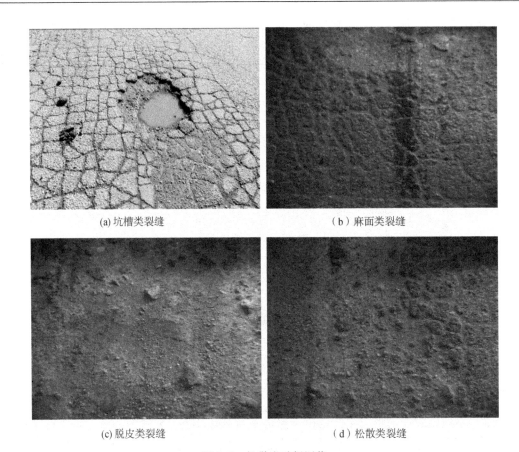

(a) 坑槽类裂缝　　　　　　　　　　　　（b）麻面类裂缝

(c) 脱皮类裂缝　　　　　　　　　　　　（d）松散类裂缝

图 2.5　松散类破损图像

　　坑槽深度一般在 2 厘米以上时会引起车辆跳车和强烈颠簸，严重时则会影响行车安全。造成这种破损的原因较多，有的由于路基不实、土质差、强度不够、地下水位高等原因先引起路基变形，进而引起路面开裂破坏，形成坑槽。有的由于路面厚度不足、级配不佳、拌和不匀、排水不良，或者磨耗层铺筑不及时，长期露骨等原因所造成。龟裂、松散等破损若未及时修复，在行车作用下不断扩展恶化，最后油层破碎，路基底部易形成积水，也容易使路面出现坑槽。对于这种破损，一般用与原路面相同的材料修补。其中因基层破坏引起的，须先修好基层，再补油层。

　　啃边是指当道路通车后，由于雨水或车辆行驶而对路面造成的边缘有啃蚀的破坏。产生啃边的原因较多，路面宽度不足、路肩和路面衔接不适当、路肩积水渗水，或者路面边缘基层压实不够、油面成型不好，在行车作用下油层边缘破裂剥落，并逐步向路中发展等都会形成啃边。机动车超重、碾压路面边缘，或者路面边缘未设置路缘石也会造成啃边。

3）变形类破损

沉陷是由于路基的竖向变形而导致路面下沉的现象。沉陷的形成从理论上主要是因为：

（1）基础承载的能力下降；

（2）施工时处理基层使用材料的质量偏差；

（3）在路面自身的静载和动载的垂直荷载作用下，基层压缩不稳定造成侧向挤出后使原先土层产生较大的变量，减少了原先基层的承载力。

路面经过车辆反复行驶产生流动变形、磨损、沉陷后，在行车道轨迹上会产生纵向带状辙槽（见图 2.6）。车辙产生的根本原因是路面竖直方向残余变形的积累。形成这种变形的因素有两个，一个是材料本身的特性，其中包括施工工艺、设计要素等，面层和基层间有不稳定的夹层、基层强度不足、水稳性能不好等使基层局部下沉均易造成车辙；另一个是外部因素，如交通流对路面的影响，路面在交通流的作用下受横向推挤形成横向波形车辙。

图 2.6　变形类破损图像

在行车（特别是重型车）的作用下，混合料被推拥挤压，在路面两侧或行车道范围内形成波浪状隆起的现象称为拥包。拥包进一步发展，在顺着路的方向形成规则的波峰波谷，连接成片，称为波浪。产生拥包和波浪的原因有：

（1）泛油处理不当，路面中油料含量偏高；

（2）矿料级配不良，细料多，骨料少；

（3）沥青材料的黏度和软化点低；

（4）基层湿软变形或同路面结合得不好；

（5）路基、基层稳定性和平整度差等。

4）其他类型破损

其他类型的破损包括泛油、磨光、修补、冻胀、翻浆等形式，其形成机理在表 2.1 中有较详细的描述。

2.2　路面破损图像特征分析

本书所处理的图像全部采用高清面阵 CCD 相机进行自动采集，由自动触发闪光灯进行补光，单幅路面图像的分辨率为 1024×1024 像素，每个像素的灰度等级为 $0 \sim 255$，每幅图像大约对应 $1 \text{ m}^2 \times 1 \text{ m}^2$ 的实际道路表面，即每个像素代表 1 mm^2 的测量精度。

$$I(P) = I_b(P) + I_c(P) + I_n(P) \qquad (2.3)$$

文献[2]指出一幅由 CCD 相机拍摄的含有破损目标的灰度图像由 3 个变化部分组成，设 $I(P)$（P 表示像素坐标）表示整幅图像，如式（2.3）所示，$I(P)$ 由下述 3 个部分叠加而成。

$I_b(P)$：背景灰度变化信号，由非均匀光照和成像系统光学结构造成的图像中间亮、四周暗的变化，这是一个频率低、幅值高的信号。

$I_c(P)$：路面破损目标信号，由裂缝、坑槽、麻面等破损目标组成，是一种在纹理和灰度方面不同于路面背景的信号，在其边缘有着很高的频率。

$I_n(P)$：噪音信号，由不同物质颗粒材料以及颗粒之间的相互间隔组成的一种随机纹理信号，是一种高频但幅值相对较低的信号。路面上的一些不规则目标，如汽车轮胎印、泄漏液体、路面抛洒异物、道路标记线等伪目标也可认为是另一种噪音信号。

本书选择了如图 2.7 所示的 8 组不同的路面破损图像作为分析对象，分别为：完好路面和含有松散类破损、强对比度裂缝、弱对比度裂缝、网状裂缝、路面接缝、沥青修补和白线标记的路面图像。从这 8 组图像中可以看出，路面图像模式极其复杂，在灰度、频谱、边缘、纹理、形状等方面表现出不同的特征。为了寻找能对路面破损图像进行有效分类，以及对破损目标进行有效分割的方法，本书对其灰度、频谱、边缘、纹理、形状等特征进行了定性和定量分析。

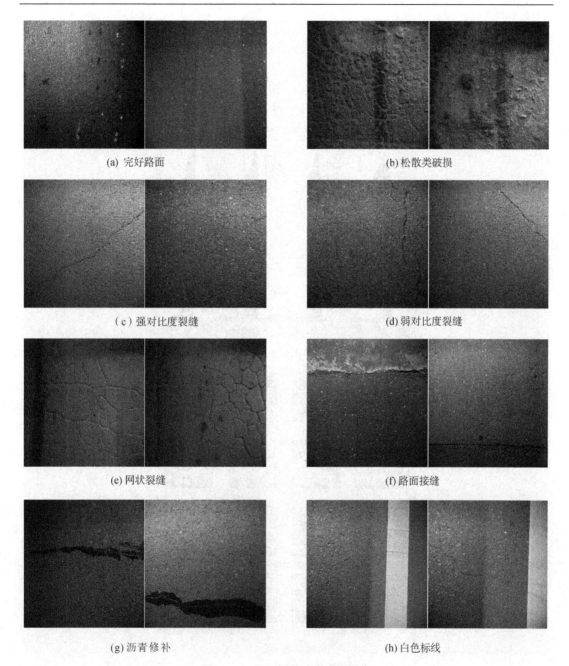

(a) 完好路面

(b) 松散类破损

（c）强对比度裂缝

(d) 弱对比度裂缝

(e) 网状裂缝

(f) 路面接缝

(g) 沥青修补

(h) 白色标线

图 2.7　8 组不同的路面破损图像

1. 灰度分析

路面破损图像灰度特征如图 2.8 所示。

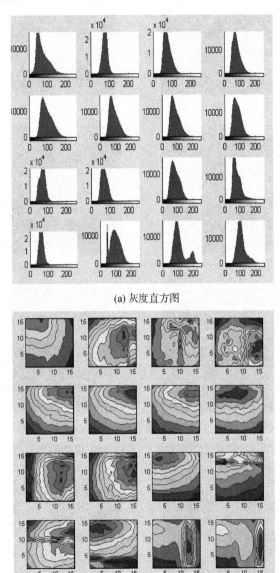

(a) 灰度直方图

(b) 度等高线图

图 2.8　路面破损图像灰度特征

对图 2.7 中的 16 幅图进行灰度分析可以得出如下结论：

(1) 如图 2.8(a)所示，大多数路面破损图像的直方图呈现为单峰，部分含有道路白线标记和沥青修补图像的直方图则呈现出双峰。完好路面图像的直方图分布与松散类路面破损图像和裂缝类破损图像的直方图分布无明显差异，因此全局直方图信息不足以用来区分完好路面图像与破损路面图像。

(2) 对路面图像进行等高线变换，如图 2.8(b)所示，从灰度等高线图中可以看出路面图像的背景照度不均匀，呈现出"四周暗、中间亮"的特征，因此不适于用全局阈值进行目标分割。

(3) 在一定邻域范围内，裂缝目标的灰度值要小于背景的灰度值，但是在整幅图像中不一定是最低灰度值。

(4) 一些干扰目标(如油污、黑色抛落物等)与裂缝等破损目标具有相同的灰度特征，因此必须寻找其他的特征将这些干扰目标去除。

2. 傅立叶频域分析

对图 2.7 中的 16 幅路面破损图像进行傅立叶变换，结果如图 2.9 所示。从频域图像中可以看出，路面图像的能量主要集中在低频部分，这一部分在空域主要表现为图像灰度分布的缓慢变换，而剧烈变化的路面纹理和路面破损目标边缘信号同时处在频域图像的高频部分，很难根据频谱分析将路面破损目标从路面纹理中分离出来。同时还可以看出，完好的路面图像与破损路面图像的频域特征无明显差别，因此频域特征也难以用来对图像进行分类。

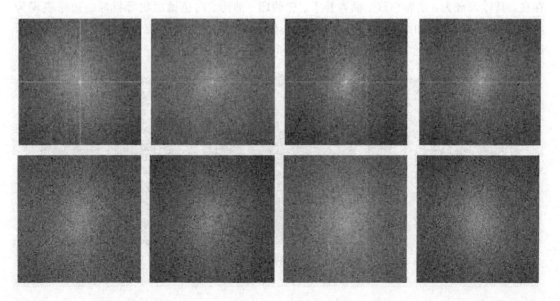

图 2.9　路面图像傅立叶变换

3. 边缘分析

常见的边缘剖面有 3 种形式：阶跃边缘、脉冲边缘、屋脊边缘。阶跃边缘处于图像中两个具有不同灰度值的相邻区域之间，脉冲状主要对应细条状的灰度值突变区域，而屋脊边缘的上升沿和下降沿变化相对比较缓慢。如图 2.10 所示，在路面破损图像中 3 种边缘同时存在，具体表现为：道路白线、沥青补丁、轮胎印、油污、白色抛洒物等目标的边缘表现为阶跃边缘，路面纹理和细微裂纹为脉冲边缘，而一般的路面裂缝和连接缝表现为屋脊边缘，因此采用单一的边缘检测方法很难检测出破损目标。

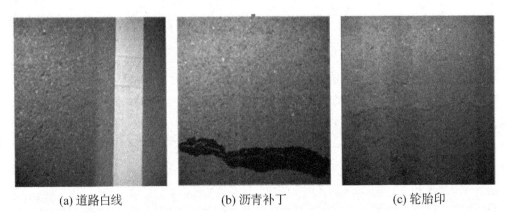

(a) 道路白线　　　　　　　(b) 沥青补丁　　　　　　　(c) 轮胎印

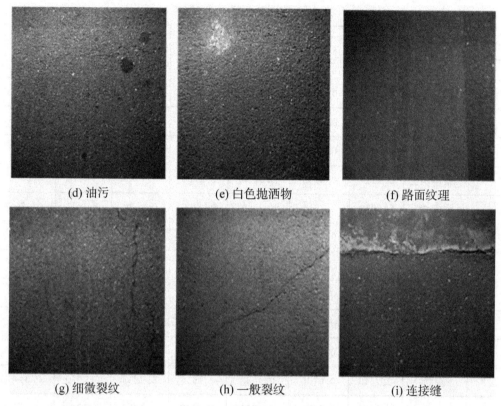

(d) 油污　　　　　　　(e) 白色抛洒物　　　　　　(f) 路面纹理

(g) 细微裂纹　　　　　　(h) 一般裂纹　　　　　　(i) 连接缝

图 2.10　不同类型的路面图像

4. 纹理分析

自然和人造物体表面的纹理可分成三类：全局有序纹理、局部有序纹理和无序纹理。全局纹理或者包含对某些纹理基元的特定排列，或者由同一类基元的特定分布构成，例如红砖墙的纹理，这种纹理常可用结构法来分析。局部有序纹理在其中的某个点存在着某种方向性，这类纹理用统计方法或者结构方法都不易建模。无序纹理指那些既无重复性也无方向性的纹理，用统计法分析比较合适。路面图像属于一种无序纹理，因此适合用统计方法进行分析。本书选用平均亮度、平均对比度、平滑度、偏态性、一致性、熵等 6 个纹理统计度量组成图像的纹理特征向量 $\boldsymbol{T}$，各统计度量公式见参考文献[127]。

$$\boldsymbol{T} = [m, \delta, R, u_3, U, e] \tag{2.4}$$

$$\overline{\boldsymbol{T}} = [\overline{m}, \overline{\delta}, \overline{R}, \overline{u}_3, \overline{U}, \overline{e}] \tag{2.5}$$

$$\| \boldsymbol{T}_i - \overline{\boldsymbol{T}} \| = \sqrt{\sum_{j=1}^{6} | \boldsymbol{T}_i(j) - \overline{\boldsymbol{T}}(j) |} \tag{2.6}$$

图像全局纹理特征如表 2.4 所示。

表 2.4　图像全局纹理特征

图像序号	类型	平均亮度	平均对比度	R	偏态性	一致性	熵	$\|T_i - \overline{T}\|$
1	完好	0.6613	0.8181	0.6749	0.5468	0.4322	0.9847	0.9939
2	完好	0.6882	0.3226	0.1065	0.0089	0.9277	0.8207	1.4216
3	松散类	0.6809	0.4818	0.2367	0.0806	0.6319	0.8933	0.6995
4	松散类	0.7141	0.6103	0.3785	0.1705	0.4986	0.9413	0.2520
5	强裂缝	0.8618	0.7615	0.5860	0.3205	0.4020	0.9853	0.6723
6	强裂缝	0.8281	0.7148	0.5174	0.2705	0.4321	0.9716	0.4294
7	弱裂缝	0.7821	0.7420	0.5568	0.3810	0.4301	0.9749	0.5659
8	弱裂缝	0.7439	0.6382	0.4135	0.1970	0.4678	0.9515	0.1980
9	网状裂缝	0.6189	0.3961	0.1603	0.0084	0.7050	0.8627	1.0993
10	网状裂缝	0.6289	0.3997	0.1632	0.0268	0.7100	0.8627	1.0695
11	接缝	0.7549	0.6796	0.4683	0.1617	0.4243	0.9670	0.3443
12	接缝	0.7071	0.6436	0.4205	0.3232	0.5466	0.9340	0.1559
13	沥青修补	0.5512	0.2973	0.0905	0.0154	1.0000	0.8019	1.6844
14	沥青修补	0.8619	0.8021	0.6492	0.1735	0.3668	0.9956	0.8291
15	白色标线	1.0000	1.0000	1.0000	1.0000	0.4013	1.0000	2.1579
16	白色标线	0.9456	0.7090	0.5090	0.3255	0.4719	0.9666	0.5430

　　计算图 2.7 中路面破损图像的整体纹理特征向量，并进行归一化，可以获得表 2.4 中的数据。从该数据表可以看出，完好路面的纹理与其他破损路面的纹理无明显差异，这是因为路面破损目标在整幅图像中占据的比例较少，其纹理差异在整幅图像中无法反映出来，因此路面图像的整体纹理统计值不足以用来对路面图像进行分类。

　　文献[107]指出，对于小目标的检测，采用局部纹理较为合适。LBP 是一种强大的纹理描述算子，特别适合描述图像局部纹理。该算子通过对像素和邻域像素之间的灰度变化进行二值化，形成对该像素所在位置的纹理变化模式，已经成功应用于人脸和小目标跟踪领域,其定义如公式 2.7 所示,将图 2.11(a)划分为大小为 64×64 的不重叠子块图像,对子块图像中的每一个像素进行纹理描述,然后统计该子块的直方图,根据直方图差异可以将子块图像分成两类,结果如图 2.11(c)所示,部分裂缝子块被保留,但是部分子块存在误检和漏检,这是因为部分噪声目标的纹理与破损目标的纹理具有极高的相似性。

$$\mathrm{LBP}_{P,R} = \sum_{i=0}^{p-1} S(g_i - g_c - C)2^i$$

$$S(x) = \begin{cases} 1 & x \geqslant 0 \\ 0 & x < 0 \end{cases} \tag{2.7}$$

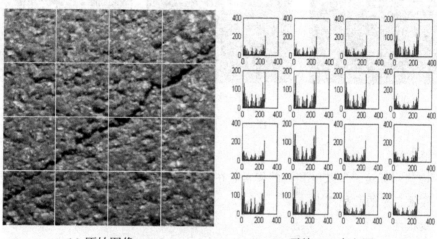

(a) 原始图像　　　　　　　　　(b) 子块LBP直方图

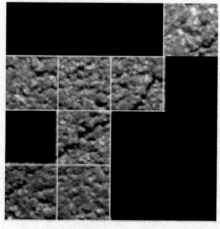

(c) 纹理分类结果

图 2.11　路面图像局部纹理分割结果

5. 形状分析

将图 2.11(a)划分为大小为 64×64 的不重叠子块图像,对每一个子块图像采用 P 分位法进行局部阈值分割,得到如图 2.12(a)所示的二值图像,对该图像进行人工分割(如图 2.12(b)所示),从分割结果可以看出路面破损目标具有以下几个显著形状特性。

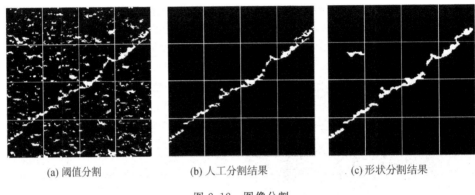

(a) 阈值分割　　　　　　　(b) 人工分割结果　　　　　　(c) 形状分割结果

图 2.12　图像分割

(1) 聚集性。

路面破损目标是一些灰度相近的像素点在空间上聚集的点集合,与低灰度纹理噪声目标相比,破损目标的面积更大。

(2) 线状性。

路面破损目标的几何形状接近线状和带状,有较大的长度和长宽比,而噪声目标的连通域长度较短,或呈圆饼形。

(3) 方向一致性。

路面破损目标的局部方向与破损目标的整体方向基本一致,空间上越接近的目标,其方向也越接近。

(4) 旋转缩放不变性。

路面破损目标的形状具有平移、旋转、缩放不变性,而且形状特征与路面图像的光照分布、灰度区间、材料纹理无关,具有良好的抗噪性和通用性。

对图 2.12(a)进行闭运算,然后对其进行连通域标记,最后采用形状特征对所有连通域进行分类,可以得到如图 2.12(c)所示的自动分割图像。从该图可以看出,自动分割效果跟人工分割结果非常接近。

通过对路面图像的多个特征进行分析,可知路面破损图像具有模式复杂、灰度分布不均匀、频谱差异性小、边缘复杂、目标与噪声纹理相近等特点,但是在破损目标形状上具有一定显著性,在局部灰度、边缘和纹理等特征与背景噪声等方面表现出一定差异。因此可以路面破损目标的形状特征为主,并辅助其他特征对路面破损图像进行初始分类、目标分割、精细分类、破损程度评估等操作。

2.3　路面破损图像处理流程

路面破损图像处理流程如图 2.13 所示,一共分为以下 4 个步骤。

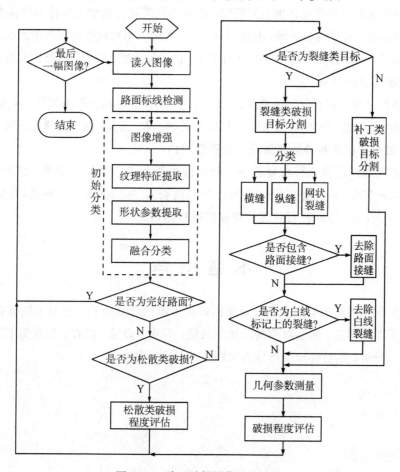

图 2.13　路面破损图像处理流程

1. 路面标线检测

路面标线检测过程采用融合灰度和直线边缘的道路标线检测方法。通过 Beamlet 获取道路标线图像中的直线边缘，然后通过这些直线边缘将路面标线图像分割为多个区域，最后根据分割区域的灰度特征，采用分裂-合并算法对道路标线区域进行精确检测。为后续的路面破损图像初始分类提供便利。

2. 路面破损图像初始分类处理

路面图像预处理过程包括路面图像的匀光处理、二值化及初始分类。首先，采用历史帧图像和当前帧图像估计路面图像的光照模型，然后将局部对比度增强图像和整体灰度校正图像进行像素级融合，得到增强图像，并通过 BP 人工神经网络对这些增强图像的纹理特征和形状特征进行融合，从而将路面破损图像分为完好、松散类破损、裂纹、修补四大类。

3. 路面破损目标分割

路面破损目标分割包括路面裂缝类目标的分割、修补类目标分割两部分。算法融合灰度、边缘、形状等特征提取路面的破损目标，并将其分为横缝、纵缝、网状裂缝等不同类型。

4. 路面破损目标形状参数测量及破损程度评估

根据计算几何理论测量影响裂缝分类分级的主要几何参数包括缝宽、缝的长度（主要针对横向和纵向裂缝）和块度、面积（针对龟裂和块裂），并根据最新公布的《公路技术状况评定标准》(JTG H20－2007)对路面破损程度进行评估。

本 章 小 结

本章主要介绍了路面破损类型以及路面破损程度的计算方法，并对不同破损类型的形成机理进行了详细阐述；然后对路面图像的灰度、频谱、边缘、纹理、形状等不同特征进行了定性和定量分析；最后给出了路面破损图像的处理流程。

第 3 章　融合边缘与灰度特征的道路标线精确分割

3.1　道路标线分割的意义及特征分析

1. 道路标线分割的意义

道路交通标线主要采用漆类（或热塑材料、路钮等）涂料喷涂或将标识牌安装在路面或障碍物的垂面上，对车辆及行人交通进行警示，表达指示、警告、禁令以及指路的内容，以组织交通运行，保障交通安全。

由于道路标线经过一段时间使用后，会被磨损污染、剥落等，需要定期养护，而目前道路标线养护、数据采集主要由人工现场目测或手工测量，劳动强度大，效率低，且数据的准确度易受人为因素的影响。

其次，在路面破损图像处理算法中，白色标线会对处理算法产生以下影响：

（1）会对路面图像的分类和破损目标分割造成干扰；

（2）如果不对路面标线进行去除，算法通常将含有路面标线的图像误检为路面破损目标，最终影响路面破损程度的评估结果。

因此在对路面破损图像进行处理时，需要先将道路标线图像抽取出来，将路面和标线区域中的破损目标分别分割出来并区别对待，其中对道路标线图像进行精确分割是最为关键的一步。

2. 道路标线图像特征分析

本节选择了 12 幅不同的含有路面标线的图像与不含路面标线的图像作为分析对象（见图 3.1），分别为低对比度标线、小面积标线、含修补类标记白线、高对比度标线、不规则标线、裂缝透过标线、含有伪裂缝的标线、含有破损的标线、路面修补、无标记线图像等。从这 12 幅图像可以看出，路面标记模式较为复杂，在灰度、边缘、纹理、形状等方面表现出不同的特征。为了寻找能对路面标记进行有效分割的方法，本节对其灰度分布、直方图、边缘、纹理等特征进行了分析，变换结果如图 3.2～图 3.6 所示。

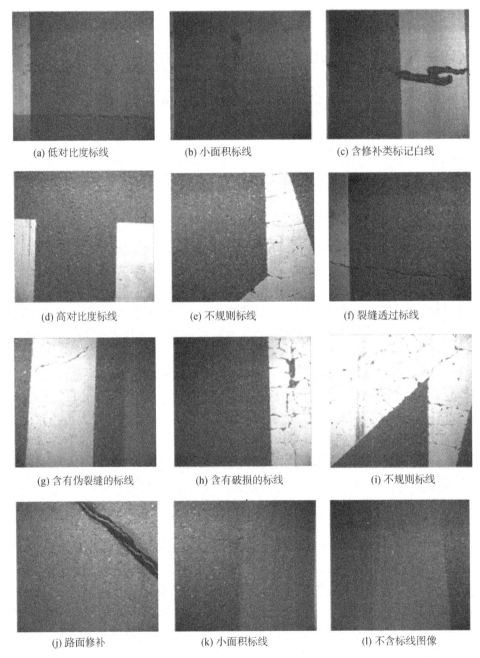

(a) 低对比度标线　　　　　　　(b) 小面积标线　　　　　　　(c) 含修补类标记白线

(d) 高对比度标线　　　　　　　(e) 不规则标线　　　　　　　(f) 裂缝透过标线

(g) 含有伪裂缝的标线　　　　　(h) 含有破损的标线　　　　　(i) 不规则标线

(j) 路面修补　　　　　　　　　(k) 小面积标线　　　　　　　(l) 不含标线图像

图 3.1　含与不含道路标线的路面图像

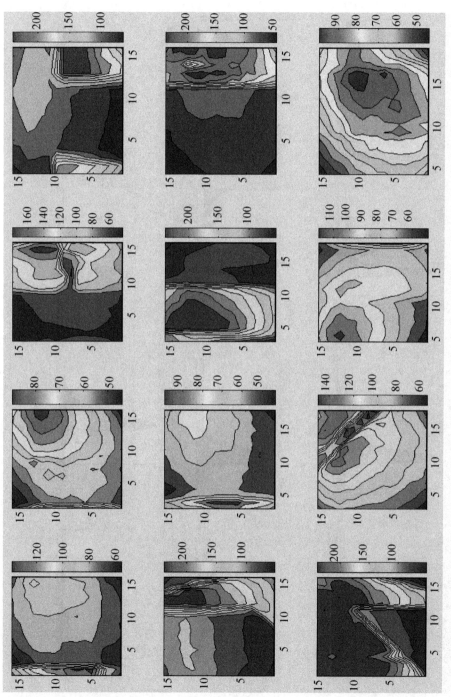

图 3.2　含路面标线图像灰度分布等高线图

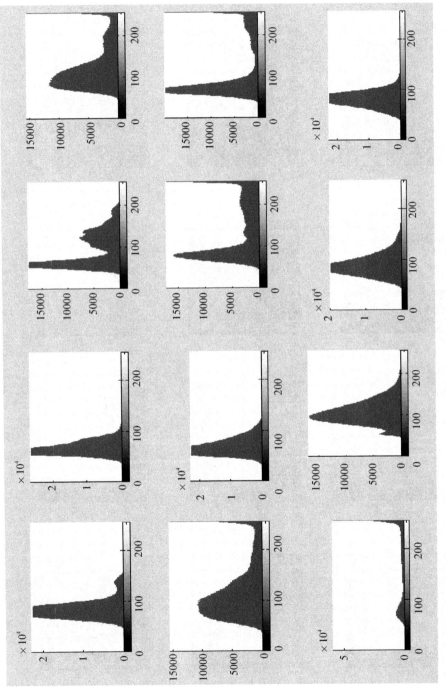

图 3.3　含路面标线图像灰度直方图

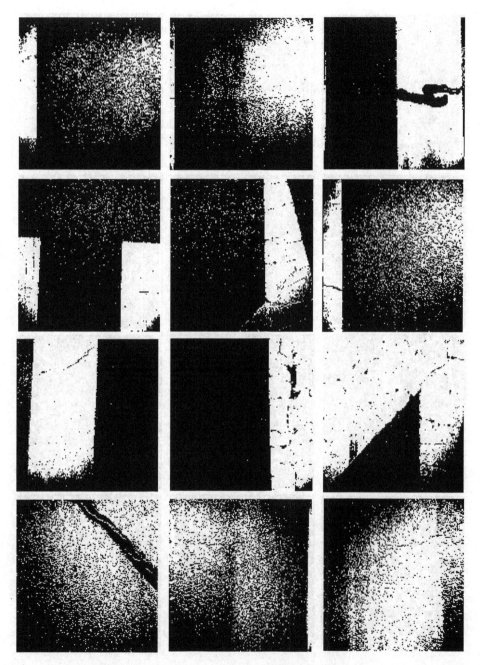

图 3.4　基于全局 Ostu 阈值的路面标线图像分割结果

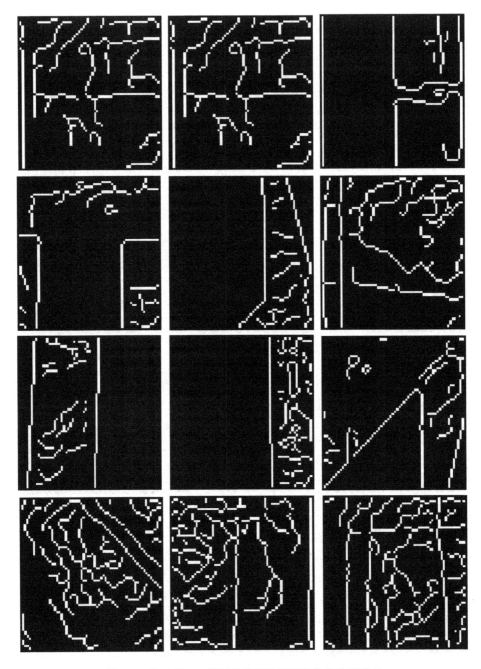

图 3.5　基于 Canny 算子的路面标线图像边缘检测结果

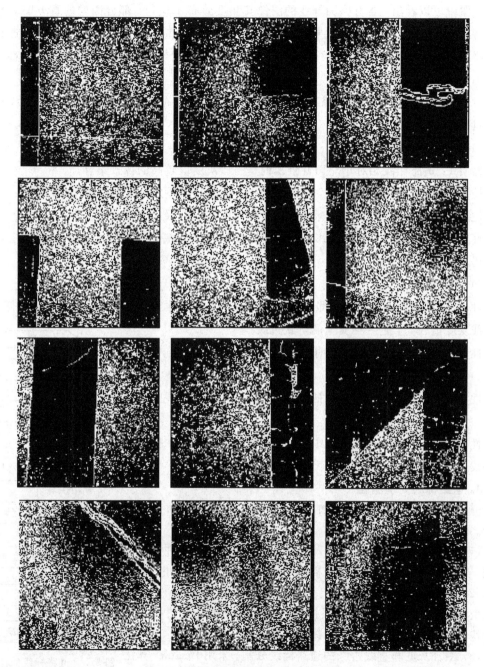

图 3.6　含路面标线图像 LBP 纹理分布

从图中可以看出，含有路面标线的图像其灰度分布不均匀，部分图像的直方图表现出单峰特性；采用全局阈值分割效果较差；采用 Canny 边缘检测算法误检测出大量非道路标线边缘；采用 LBP 对图像进行纹理分析，部分图像中的背景和目标纹理非常接近，难以实现精确分割。

对于一般的道路标线图像而言，结合文献的归纳和特征提取实验，可以得出路面标记图像具有以下特征。

1）灰度特征

性质 1：道路标线相对于路面背景来说是一些灰度值较高的像素集合。

性质 2：道路标线像素在整个路面图像中占据的比例不定，从 10% 到 90% 不等。

性质 3：路面背景和裂缝目标像素灰度直方图均近似服从高斯分布。

性质 4：由于光照不均匀的影响，路面标线像素在整幅路面图像中的不同位置上可能呈现出不同的灰度均值。

2）边缘特征

性质 5：路面标线与路面背景之间存在一种明显的边缘，一般路面背景灰度值较低，路面标线灰度值较高，是一种典型的阶跃边缘。

性质 6：道路标线边缘具有明显的直线特征。

3）纹理特征

性质 7：路面背景具有较强的纹理，而道路标线的纹理较弱。

4）形状特征

性质 8：分割出的道路标线具有较明显的形状特征，一般为具有直线边缘的规则多边形。

3. 道路标线处理流程

道路标线的图像处理流程如图 3.7 所示，一共分为如下 3 个步骤。

（1）图像的预处理。首先读入图像，对路面破损图像进行增强处理，采用分块 P 分位法对含有路面标线的图像进行二值化处理。

（2）基于 Beamlet 变换的道路标线检测。采用 Beamlet 变换提取二值图像中的直线边缘，并根据是否存在直线边缘对路面图像进行快速筛选，保留含有道路标线的图像。

（3）融合灰度和直线边缘的道路标线分割。采用 Beamlet 算法得到的直线边缘及其延长线将图像分割为不同区域，通过计算区域中像素灰度均值的大小，对区域进行合并。

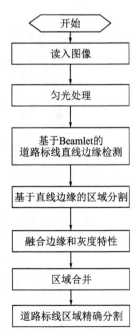

图 3.7　道路标线的图像处理流程

3.2　基于灰度特征的道路标线分割算法

1. 基于最小误差阈值法道路标线图像分割

程宏煌等人的文献[128]中用多种阈值分割算法对路面标线图像进行了分割，发现在全局阈值分割算法中，最小误差法分割效果最好。最小误差法是由 Kittler 和 Illingworth 提出的[129]，在该算法中，灰度直方图视为目标与背景像素灰度构成的混合集概率密度函数 $p(g)$ 的估计，通常假设混合集的 2 个分量 $p(g/i)$ $(i=1,2)$ 服从均值为 μ_i、标准差为 δ_i 的正态分布，先验概率为 P_i，即

$$P(g) = \sum_{i=1}^{2} P_i p(g/i) \tag{3.1}$$

$$p(g/i) = \frac{1}{\sqrt{2\pi}\delta_i} \exp\left(-\frac{(g-u_i)}{2\delta_i^2}\right)$$

式(3.1)中，求解下列二次方程可得到 Bayes 最小误差值：

$$\frac{(g-\mu_1)^2}{\delta_1^2} + \ln\delta_1^2 - 2\ln P_1 = \frac{(g-\mu_2)^2}{\delta_2^2} + \ln\delta_2^2 - 2\ln P_2 \tag{3.2}$$

通常参数 μ_i、δ_i^2 和 $P(i)$ $(i=1,2)$ 都是未知的，为了克服估计这些参数的困难，Kittler 和 Illingworth 引入了如下的准则函数：

$$J(t) = 1 + 2\{P_1(t)\ln\delta_1(t) + P_2(t)\ln\delta_2(t)\} - 2\{P_1(t)\ln P_1(t) + P_2(t)\ln P_2(t)\} \tag{3.3}$$

式(3.3)中：

$$P_1(t) = \sum_{g=0}^{t} h(g), \quad P_2(t) = \sum_{g=t+1}^{l-1} h(g)$$

$$\mu_1(t) = \frac{\left\{\sum\limits_{g=0}^{t} h(g)g\right\}}{P_1(t)}, \quad \mu_2(t) = \frac{\left\{\sum\limits_{g=t+1}^{l-1} h(g)g\right\}}{P_2(t)}$$

$$\delta_1^2 = \frac{\left\{\sum\limits_{g=0}^{t} (g-\mu_1(t))^2 h(g)g\right\}}{P_1(t)}, \quad \delta_2^2 = \frac{\left\{\sum\limits_{g=t+1}^{l-1} (g-\mu_2(t))^2 h(g)g\right\}}{P_2(t)} \tag{3.4}$$

当 $J(t)$ 取得最小值时获得最佳阈值，即

$$t^* = \arg\min_{t \in G} J(t) \tag{3.5}$$

基于最小误差法方法，对 3.1 节中选取的 12 张图片进行处理，处理结果如图 3.8 所示。

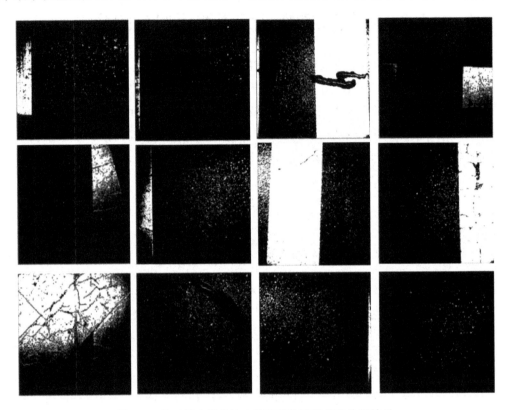

图 3.8　基于最小误差法全局阈值的道路标线分割结果

2. 基于动态阈值法的道路标线图像分割

当图像的背景和目标灰度变化比较大时，无法得到一个适用于整幅图像的全局阈值，全局阈值法一般就不适用了。因此，人们提出了动态的局部阈值算法。采用 Chow 和 Kaneko 的动态阈值法[130]对路面标线进行分割，具体实现步骤如下：

（1）将道路标记图像分割成互不重叠的 64×64 大小的图像子块。

（2）用最小误差阈值法求出每块子图像的阈值，该阈值视为各块子图像中心点的阈值，用 $T(i, j)$ 表示，其中 (i, j) 为字块中心点在整个图像中的坐标。

（3）双线性差值算法，按步骤（2）算出 16×16 个阈值，求出其他像素点的阈值，即求出 $T(i, j)$，$(0 \leqslant i < 1024, 0 < j \leqslant 1024)$。

（4）图像每一个像素的灰度用 $F(i, j)$ 表示，如果 $F(i, j) > T(i, j)$，则判断该点为标线。

采用上述动态阈值法再次对 12 张典型的破损道路标线图像进行分割，分割结果如图

3.9 所示。实验结果表明：

（1）用全局阈值法得到的分割阈值偏小，路面标线目标不能被完整分割出来。

（2）采用动态阈值法则出现了过度分割，会误将部分背景识别为目标。

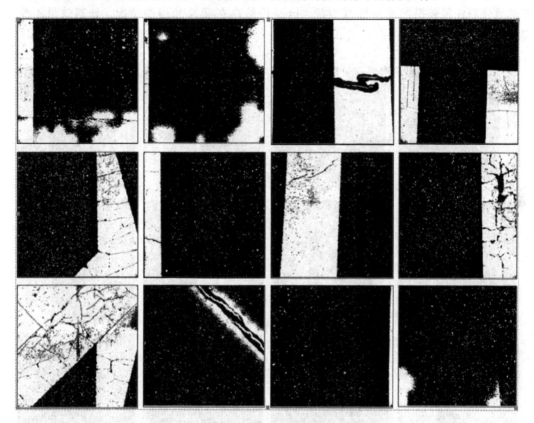

图 3.9　基于动态阈值法道路标线分割结果

3. 动态阈值法与全局阈值法相结合的道路标线图像分割

动态阈值法可以正确分割出细节，克服全局阈值法的缺点，但是这样会分割出较多的噪声，把背景误判为目标，而在背景较均匀时，全局阈值法不会分割出较多的噪声。因此可以考虑将二者加权得到一个新的阈值，然后用此阈值对道路标线图像进行分割。具体实现步骤如下：

（1）用最小误差法求出整个图像的全局阈值，用 M 表示。

（2）用本节的基于动态阈值法求出 $T(i, j)$。

（3）图像每一个像素的灰度用 $F(i, j)$ 表示，如果 $F(i, j) > k \times T(i, j) + (1-k) \times M$，则判断该点为标线。其中，$0 \leqslant k \leqslant 1$。

具体的 k 值的选定可以用实验来确定,本节采用动态阈值法结合全局阈值法再次对 12 张路面破损道路标线图像进行分割,结果如图 3.10 所示。通过对比图 3.8、图 3.9 和图 3.10可以清楚地看出,用动态阈值法结合全局阈值法分割的图像,可大大降低噪声,能较准确地分割各种破损的道路标线图像,但是仍然存在漏检和误检情况,分割效果不是很理想。

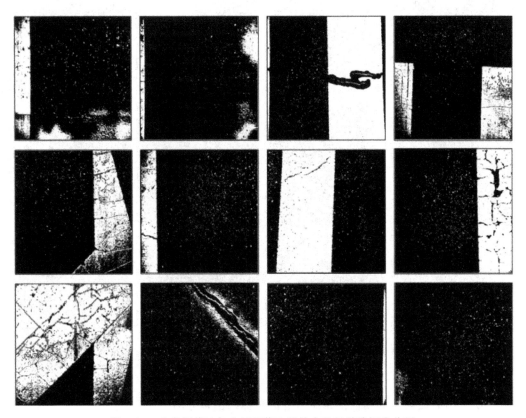

图 3.10　动态阈值法与全局阈值法相结合进行道路标线分割

3.3　基于直线边缘的道路标线分割算法

采用灰度特征的路面标线分割算法充分利用了道路标线灰度高于路面背景灰度这一特征,却忽略了道路标线具有明显直线边缘这一典型边缘特征,因此仍然存在误检和漏检的情况,而且算法计算量较大,如果能充分利用道路标线的直线边缘这一特征,则将提高算法的鲁棒性。Hough 变换和 Beamlet 变换是提取直线的两个有力工具,本节对二者进行对比并提出改进的分割算法。

1. 基于 Hough 变换的道路标线直线边缘检测

基于 Hough 变换的道路标线直线边缘检测算法是应用最为广泛的道路识别方法之一[131]。它的基本思想是点-线的对偶性，即图像空间里共线的点对应参数空间里相交的直线；反过来参数空间相交于同一点的所有直线在图像空间里都有共线的点与之对应。为了解决垂直斜率无限大的问题，一般通过如下的极坐标方程进行 Hough 变换。

$$\rho = x\cos\theta + y\sin\theta \tag{3.6}$$

可以证明，图像空间中同一直线上的点在参数空间中对应的正弦曲线相交于一点 (ρ, θ)，ρ 是图像空间中直线到坐标原点的距离；θ 是直线与 x 轴之间的夹角。传统的 Hough 变换其投票空间 ρ、θ 的选择范围为 $\rho \in (0, r)$（其中 r 为图像对角线长度）、$\theta \in (0, 180°)$。变换原理如图 3.11 所示。

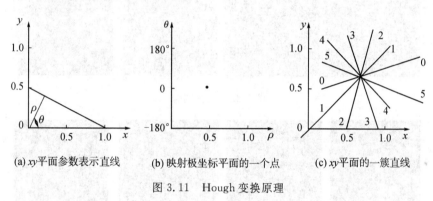

(a) xy 平面参数表示直线　　(b) 映射极坐标平面的一个点　　(c) xy 平面的一簇直线

图 3.11　Hough 变换原理

Hough 变换的步骤如下：

（1）搜索图像空间中的白点；

（2）对 $\theta \in (0, 180°)$，利用式 (3.6) 求极径；

（3）对 (ρ, θ) 单元投票累加，极角变化的步长为 1°，总变换次数和投票累加次数均为 $N \times 180$，所以目标点的数量对 Hough 变换的计算量起决定性作用。

采用分块 P 分位法对图 3.1 中的 12 幅含有标线的路面图像进行二值化，得到如图 3.12 所示的二值图像，然后应用 Hough 变换进行路面标线边缘检测，结果如图 3.13 所示。通过结果可以看出，采用 Hough 变换检测边缘直线时，仍然存在着误检或漏检情况，而且 Hough 变换虽然能检测出路面标线图像中的大部分直线，但是 Hough 变换在识别直线时计算量大，耗时长，耗费内存且直线参数难以选择。

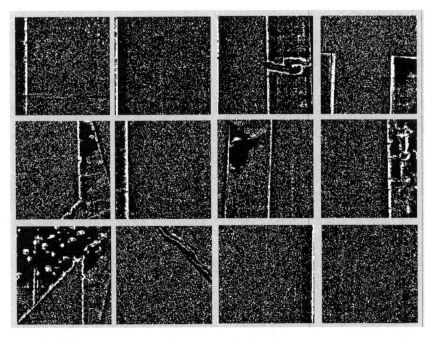

图 3.12　二值图像

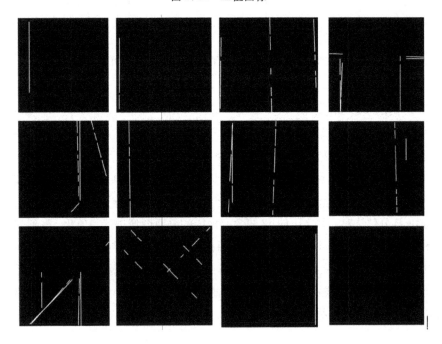

图 3.13　Hough 变换边缘检测结果

2. 基于改进的 Beamlet 的道路标线直线边缘检测

1）Beamlet 概述

受生命科学中视觉现象同化作用研究结果的激发，2001 年，斯坦福大学的 David L. Donoho 教授提出了一种用来表示方向信息的多尺度几何分析工具——Beamlet[132-133]。这种新的多尺度几何分析系统具有许多超出传统多尺度分析的概念和性质，其主要特征为：

（1）Beamlet 分析是一种基本的多尺度分析，但不同于小波分析，它是多尺度分析的一种扩展。

（2）使用一类在精细尺度下具有似"针状"结构的分析元素，能有效检测噪声环境中的"细丝"状结构，并对边界寻找问题提供正确的基元素结构。

（3）多尺度变换将这些"针状"的分析元素相互连接，其中必须考虑这些分析元素的结构和空间相互关系，如它们是否属于一条简单的直线、曲线或是一条闭合的曲线，而各个位置、方向和尺度的结合能够提供平面上光滑曲线的稀疏逼近。

近年来，Beamlet 变换被成功应用到其他领域中。Beamlet 变换和分析最初用来从含噪图像中恢复直线、曲线和块状区域[133]；霍小明和 Donoho 利用 Beamlet 变换提出了一种降噪方法[133]；Chen 和霍小明提出了一种基于 Beamlet 变换的图像编码[133]；Donoho 等人将 Beamlet 变换从二维扩展到三维，并运用到星云分析中[134]；在国内，西北工业大学的张艳宁、史勤峰等把 Beamlet 变换应用到 SAR 图像的边缘检测中[135]，取得了很好的效果；另外，还有人将 Beamlet 变换用于医学 CT 图像[136]、焊缝检测图像[137]等领域。屈庆春在其研究文献[136]中指出：Beamlet 不仅能提取无噪声图像中的线特征，而且对强噪声图像中的直线和曲线提取效果也很好，因此本节采用 Beamlet 提取路面标线图像中的直线边缘。

2）Beamlet 的基本概念

在 Beamlet 框架中，线段扮演了小波分析中点的角色，小波分析能有效分析点的奇异性，而 Beamlet 能有效分析线段的奇异性。Beamlet 由 Beamlet 基、Beamlet 变换、Beamlet 金字塔、Beamlet 图和 Beamlet 算法五个关键部分组成。

（1）Beamlet 基。

Beamlet 基是一组具有二进结构剖分的线段，其二进特征体现在线段的点坐标始终是二进的，尺度也是二进的。通俗地讲，Beamlet 基就是包含各种方向、尺度和位置信息的小线段的集合，它是任何线段、曲线集合多尺度逼近的基础和关键。

针对一幅 $n \times n$ 大小的图像，定义图像边长为单位长度，则 $n \times n$ 像素全部落在单位块 $[0, 1]^2$。在尺度 $0 \leqslant j \leqslant J$ 上（256×256 图像 $J = 8$），将图像块 $[0, 1]^2$ 分为 2^{2j} 个二进方块，每个二进方块的边长为 $2^{-j} \geqslant 1/n$，固定分辨率 $\delta = 2^{-J-K}$（$K \leqslant 0$，$\delta \geqslant 1/n$），对 2^{2j} 个二进方块中的每一个，从右上角边缘开始按逆时针方向每隔 δ 距离加标记点，当 $K = -1$、$J = 8$ 时，$\delta = 2^{-7}$，即对 $2^8 \times 2^8$ 图像每隔一个像素的距离加标记点。在尺度 $j = 2$ 上，对边长为 2^{-j} 的方块可加标记点的数目为 $M_j = 4 \times 2^K \times 2^{J-j} = 4 \times 2^{8-1-2}$，而 Beamlet 指同一块内不在同

一条边上的任意两个标记点的连线。

如图 3.14 所示，在尺度 j 上，其 Beamlet 数目可以这样求出：把每个块上的标记分为 4 个顶点和 $4(2^{K+J-j}-1)$ 个非顶点，首先考虑非顶点与非顶点相连，块的左边有 $(2^{K+J-j}-1)$ 个非顶点标记点，块的下边有 $(2^{K+J-j}-1)$ 个非顶点标记点，左边与下边的非顶点标记点可形成 $(2^{K+J-j}-1)^2$ 条 Beamlets；同理，左边与右边、左边与上边、下边与右边、下边与上边、右边与上边的非顶点标记点又可形成 $5(2^{K+J-j}-1)^2$ 条 Beamlets；故非顶点标记点可形成 6 $(2^{K+J-j}-1)^2$ 条 Beamlets。再考虑顶点与非顶点相连，每个顶点仅与两条不相邻的边上的非顶点形成 Beamlets，有 $2(2^{K+J-j}-1)$ 条；4 个顶点最终形成 $8(2^{K+J-j}-1)$ 条 Beamlets。最后考虑顶点与顶点相连，只能形成 2 条 Beamlets。综上所述，每个二进块上的 Beamlets 条数为 $6(2^{K+J-j}-1)^2+8(2^{K+J-j}-1)+2$。不同尺度的 Beamlet 总和称为 Beamlet 基。

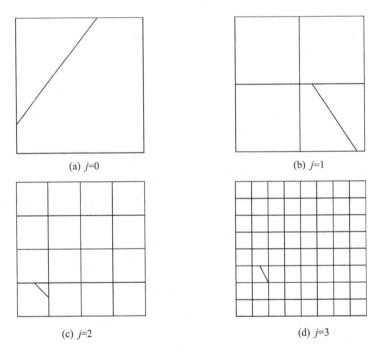

(a) $j=0$　　　　　　　　　　　　　　(b) $j=1$

(c) $j=2$　　　　　　　　　　　　　　(d) $j=3$

图 3.14　不同尺度下的二维 Beamlet

（2）Beamlet 变换。

一个函数 f 的 Beamlet 变换定义为 f 沿 Beamlet 基中的二进线段的积分。令 $f(x_1,x_2)$ 为 $[0,1]^2$ 上的连续函数，则 f 的 Beamlet 变换是所有线积分的集合，即有

$$T_f(b) = \int_b f(x(l))\mathrm{d}l,\, b \in B_{n,\delta} \tag{3.7}$$

其中，$x(l)$ 沿着一个单位速度路径给出对 Beamlet b 的描绘，这些线积分都是沿着线段 $b\in$

$B_{n,\delta}$ 进行的，这里 $B_{n,\delta}$ 为一个边长为 $2^{-j} \geqslant 1/n$ 的二进正方形 S 边界上相隔距离为 δ 的顶点所构成的所有 Beamlet 的集合。

一个大小为 $n \times n$ 图像的离散 Beamlet 变换可以理解为定义在连续系统上具有插值 (f_{i_1}, f_{i_2}) 的函数 f 的 Beamlet 变换，即

$$f(x_1, x_2) = \sum_{i_1, i_2} f_{i_1, i_2} \Phi_{i_1, i_2}(x_1, x_2) \tag{3.8}$$

其中，Φ_{i_1, i_2} 是指定的一簇连续插值函数。

f_{i_1, i_2} 的值可以看做连续函数 f 的像素级平均，如图 3.15 所示。

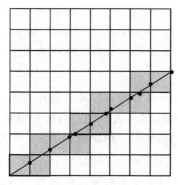

图 3.15　数字图像的分段常数插值和它对应的 Beamlet 变换

由图 3.15 可以看到，Beamlet 变换是像素值的一个加权求和，像素值所对应的正方形（阴影）表示了 Beamlet 的横截面。

（3）Beamlet 金字塔。

传统应用中，金字塔是一种表示尺度和基数概念的数据结构，存储在较粗尺度下的数据可由任意细尺度下的数据推导出来。

Beamlet 金字塔是所有积分 $T_f(b)$（其中 $b \in B_{n,\delta}$）的集合，这一结构表示了一个金字塔所具有的多尺度性质，合成函数 f 后的信息就存储在 Beamlet 金字塔的分解信息中。假设有一个理想的连续 Beamlet 基，由定义可知，当顶点相隔距离 δ 且趋向于 0 时，每一个连续的 Beamlet 在下一个较小的尺度下可被分解为三个更小、更精细的 Beamlet b_1、b_2、b_3 的并集，如图 3.16 所示。

实现小线分解 $b = \bigcup_i b_i$ 的关键在于粗级的小线到细小线时必须满足 $T_f[b] = \sum_i T_f[b_i]$，而实际中 $\delta > 0$，因此上述关系仅在逼近意义下成立。

Beamlet 金字塔包含了图像在所有位置和尺度上对线段的积分，在某些强噪背景下的信号检测问题中，基于像素级的探测器信噪比较差，因此制约到检测率，而隐藏在金字塔中的信息可以以较高的信噪比积分，完成用普通滤波或普通边缘检测不能完成的任务。

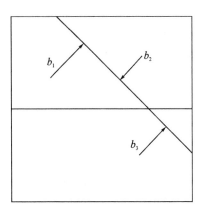

图 3.16　一个 Beamlet 分解为下一尺度的三个 Beamlets

（4）Beamlet 图。

Beamlet 图与 Beamlet 金字塔相对应，它将图像中的像素作为顶点，Beamlet 作为边缘，就可以得到 Beamlet 图。一幅 $n \times n$ 大小的图像所对应的 Beamlet 图中共有 $(n+1)^2$ 个顶点、$16n^2(\log(n)+1)$ 条边，它们均对应地来自于 $B_{n, 1/n}$ 中的 Beamlet，其中每一条路径对应于原图像中的一个多边形[138]。在 Beamlet 图中，一些顶点仅有最近邻连接，但许多顶点同样也有到其他顶点的连接，对应于像素的顶点可称为 2、4、8、16 等像素距离。对于不同顶点不同连接的解释如图 3.17 所示。

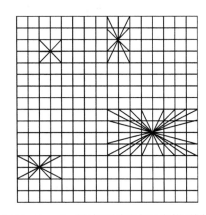

图 3.17　Beamlet 图中不同顶点对应的不同连接

（5）Beamlet 算法。

在 Beamlet 金字塔的基础上，可以产生许多基于 Beamlet 的算法，并能有效地区分和抽取具有特定性质的 Beamlet 和 Beamlet 链[138]。Beamlet 链提供了对平面上精密曲线的稀疏逼近表示，在一定意义上是最优的系数表示。Beamlet 变换的算法主要分为以下四种：

① 基于 Beamlet 系数的阈值处理算法，也叫无结构算法；

② 基于树结构的算法；

③ 基于图结构的局部线段链的优化算法；

④ 基于图结构的全部线段链的优化算法。

3）改进的 Beamlet 系数阈值处理算法

本节采用基于 Beamlet 系数的阈值处理算法，即无结构算法。从理论上来讲，Beamlet 可以有效分析图像中线段的奇异性，做到对目标线段的检测和精确逼近，但实际应用中其自身仍然存在一些问题和不足。针对算法实现过程中遇到的问题，本节做了以下相关改进。

在实际处理图像时，由于数字图像是离散的信号，不可能所有的 Beamlet 与像素矩阵中行或列的交点都为整数，肯定会有非整情况的出现（如图 3.18 所示，线段 AB 上，C 与列的交点非整），若直接归整则势必会引入误差，造成漏检或误检，影响到实验结果。本节采用 Bresenham 算法来获取 Beamlet 线段上所有像素点的整数坐标。

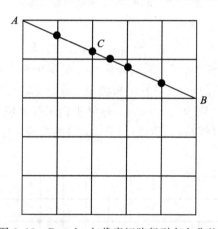

图 3.18　Beamlet 与像素矩阵行列交点非整

Bresenham 算法是计算机图形学领域使用最广泛的直线扫描转换方法，是计算机图形学中为了"显示器（屏幕或打印机）系由像素构成"的这个特性而设计出来的算法，使得其在求直线各点的过程中全部以整数来运算，因而大幅度提升了计算速度。其原理是：过各行、各列像素中心构造一组虚拟网格线，按直线从起点到终点的顺序计算直线各垂直网格线的交点，然后确定该列像素中与此交点最近的像素。该算法的优点在于可以采用增量计算，使得每一列只要检查一个误差项的符号，就可以确定该列所求的像素。具体算法如下：

设直线斜率小于 1，如图 3.19 所示，其中 i 点的坐标为 (x_i, y_i)，$i+1$ 点的坐标为 (x_{i+1}, y_{i+1})，则有

$$y_{i+1} = y_i + m \quad \left(0 \leqslant m = \frac{\Delta y}{\Delta x} < 1\right) \tag{3.9}$$

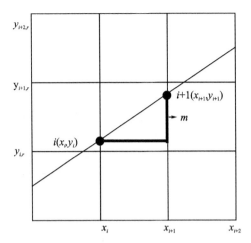

图 3.19 Bresenham 算法原理示意图

定义判别函数如下：

$$\varepsilon(x_{i+1}) = y_{i+1} - y_{i, r} - 0.5 \tag{3.10}$$

因为图 3.19 中直线斜率小于 1，所以每移动一步横坐标值都增加 1，而纵坐标下一步的走向是增加还是不变要根据 $\varepsilon(x_{i+1})$ 的值来确定：若 $\varepsilon(x_{i+1}) \geqslant 0$，则 $y_{i+1} = y_{i, r} + 1$，即纵坐标增加 1；若 $\varepsilon(x_{i+1}) < 0$，则 $y_{i+1, r} = y_{i, r}$，即纵坐标保持原值不变。

用 Bresenham 算法画直线从 $A(1, 2)$ 到 $B(9, 7)$ 的线段，如图 3.20 所示，实际画出的点为图中黑点所示。

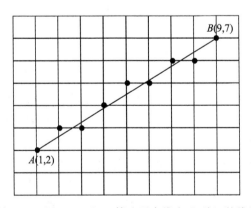

图 3.20　用 Bresenham 算法画直线为 A 到 B 的线段

对于一幅 $n \times n$ 的图像来说，若设其分割尺度为 j，图像可以划分为 2^{2j} 个子块，以子块为单元，若每个子块共有 b 条不同方向、不同尺度的子束，将计算得到的各条 Beamlet 子束上的像素和记为 $\mathrm{sum}(b)$，而每条 Beamlet 子束上像素个数记为 $\mathrm{count}(b)$，$\mathrm{sum}(b)$ 可表示如下：

$$\text{sum}(b) = \sum_{i=0}^{\text{count}(b)-1} \text{gray}(a(i)) \tag{3.11}$$

式中的 $a(i)$ 指子束 Beamlet b 上每一个像素的灰度值。

对每个子块的所有 Beamlet 都进行像素灰度值的相加，其和 sum 即是 Beamlet 变换系数，一般情况下，可以把 sum 看做目标函数进行 Beamlet 的阈值化处理；而对于一些信噪比大、待测目标又比较短的图像来说，直接对 sum 进行阈值化后就会使得噪声和目标严重混淆。

通过对路面标线的二值图像进行分析后发现，路面标线的直线边缘连续性较好，而且其长度要远远大于噪声目标的长度。针对此特性，本节设计出一种新的目标函数及边缘能量函数 EdgeEnergy，定义如下：

$$\text{EdgeEnergy}(b) = \text{sum}(b)/\text{parts}(b)$$

式中，$\text{parts}(b)$ 表示子束 Beamlet b 被分成了几段，当 $\text{parts}(b) = 1$ 时，表示该 Beamlet 是一个完整的线段，应该将其保留，当 $\text{parts}(b) = n$ 时，表示该 Beamlet 被分成了 n 个线段，这时就要根据阈值判断是否画出该线段。通过实验发现，路面标线图像还可能存在裂缝、轮胎黑印、沥青补丁等直线边缘，用上述边缘能量函数 EdgeEnergy 进行判断时，有时也会发生误判，为了区分标线边缘和其他直线边缘，本节对边缘能量函数 EdgeEnergy 进行了如下修正，即

$$\text{EdgeEnergy}(b)' = \text{EdgeEnergy}(b) \times \text{EdgeContrast}(b)$$

式中，EdgeContrast 为直线边缘的对比度，其定义为

$$\text{EdgeContrast}(b) = \max(m_1, m_2)/\min(m_1, m_2)$$

如图 3.21 所示，其中，m_1 和 m_2 分别为直线边缘两侧某个领域内对应原始图像区域内像素灰度的均值，显然，道路标线的边缘的对比度 EdgeContrast 要远远大于其他边缘的对比度，因此可以用来鉴别道路标线二值图像中的白线边缘。本节算法的流程图如 3.22 所示。

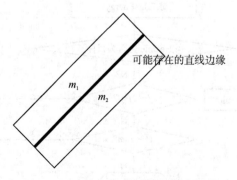

图 3.21　直线边缘对比度计算示意图

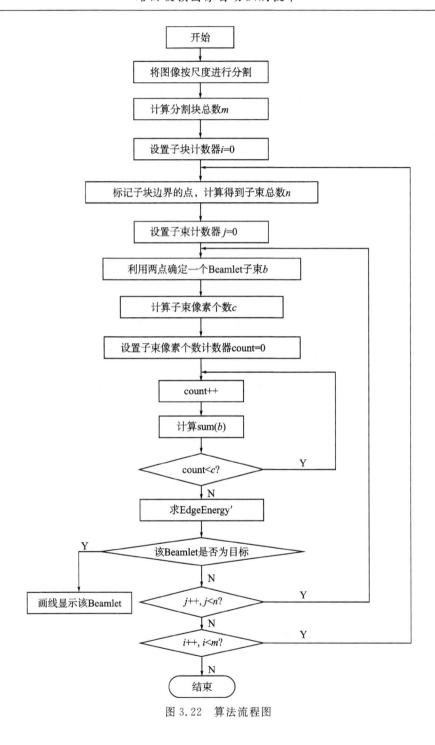

图 3.22 算法流程图

可以看到，由于每一个 Beamlet 系数的存在或者被抛弃只是基于它自身的值，与其他任何系数都毫无关系，这一过程是无结构的，因此被称做无结构算法。

对于任意一幅路面标线图像来说，其最主要的特征就是图像中含有明显的直线边缘，由于 Beamlet 变换计算了每条子束上所有像素点的灰度值之和 sum 和分段数 parts，如果在路面标线图像中某条子束与直线边缘区域吻合，则这条子束的 EdgeEnergy 值肯定大于其他子束，此时根据选定阈值就可以把该子束划分到直线边缘区域，并将其画线显示出来。因为 Beamlet 变换可以从不同大小、不同尺度和不同方向去精确逼近目标，所以从理论上来讲，Beamlet 变换非常适合不同直线边缘的检测。

4）基于 Beamlet 的直线边缘检测

为了验证算法的有效性，下面分别对计算机生成图像、含有路面标线的二值图像和完好路面二值图像进行实验。

（1）人工合成图像 Beamlet 变换的检测结果。

图 3.23 是对加噪后的计算机生成直线图像在不同尺度的分割下作 Beamlet 变换的结果。

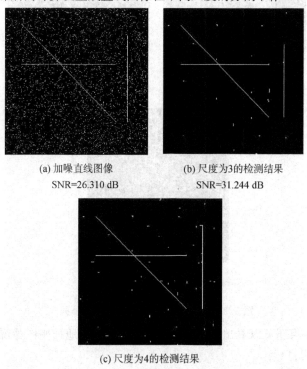

(a) 加噪直线图像　　　　　　　　(b) 尺度为3的检测结果
SNR=26.310 dB　　　　　　　　　SNR=31.244 dB

(c) 尺度为4的检测结果
SNR=31.336 dB
图 3.23　Beamlet 变换对直线的检测结果

图 3.23 中(a)图是加噪后计算机生成的图像。可以看到，尺度为 3 的分割结果(b)图中散布有很少的噪声，然而因为尺度分割较粗，检测到的直线不准确，如右边竖直的线条上

部分有漏检;(c)图是尺度为 4 的检测结果,计算得其 SNR 值略大于(b)图的 SNR 值,说明与(b)图相比,此时检测准确率有所提高。同时也可以看到(c)图中的噪声比(b)图中的更多,由此可以总结出:受噪声干扰越大,分割尺度越细,虽然目标细节保持得较好,但提取到的噪声点越多;而尺度越粗,噪声虽有所减少,但细节部分丢失越多,因此分割尺度的选择非常重要,需根据图像中待测目标的大小、受噪声污染程度等而定。

图 3.24 中(a)图是加噪后的圆形图像,(b)图中从检测到的圆形边缘仍可以看出直线的痕迹;(c)图中的噪声有所增多,但与(b)图相比检测到的边缘更加逼近圆形。因此可以得出结论:在选择适当尺度的前提下,Beamlet 变换不仅能检测直线目标,也可以用于检测曲线目标。

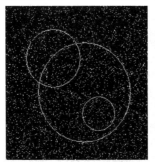 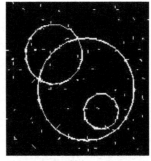

(a) 加噪圆形图像　　　　　　　　　(b) 尺度为4的检测结果
SNR=27.128 dB　　　　　　　　　　SNR=32.651 dB

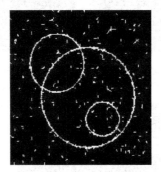

(c) 尺度为5的检测结果
SNR=31.043 dB

图 3.24　Beamlet 变换对圆的检测结果

另外,由实验结果还可以看出,Beamlet 算法能够很好地抑制图像噪声,适用于在强噪声背景下提取待检测目标。

(2) 路面标线图像 Beamlet 变换的检测结果。

图 3.25 中的(b)图给出了尺度为 3 的 Beamlet 变换对沥青路面标线图像的检测结果。图 3.25(a)中存在很多噪声,在基于 Beamlet 变换检测后的结果图中,路面标线边缘通过不同位置、方向的子束被精确地表达了出来,噪声基本消除,并且随着尺度的增加越来越逼

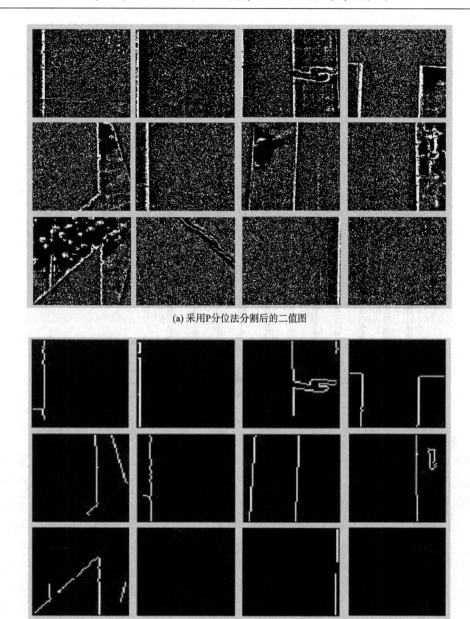

(a) 采用P分位法分割后的二值图

(b) 基于Beamlet变换的沥青路面标线图像的检测结果(尺度为3)

图 3.25　基于 Beamlet 变换对沥青路面标线图像的检测结果

近于待测目标。(a)图中第 12 幅图为不包含标线的路面图像，经过 Beamlet 变换后未发现任何边缘，因此可以予以滤除。(a)图中第 10 幅图中边缘为沥青修补上的破损边缘，也通过边缘对比度过滤掉了。

对于图 3.1 中的 12 张图片采用 Hough 变换直线检测和基于 Beamlet 变换边缘检测，其所用时间的对比结果如图 3.26 所示，Hough 变换的直线检测平均时间为 10.5395 s，基于 Beamlet 变换的边缘检测平均时间为 0.8143 s，说明本人提出的改进的 Beamlet 算法检测直线边缘的效率要远远高于 Hough 变换。

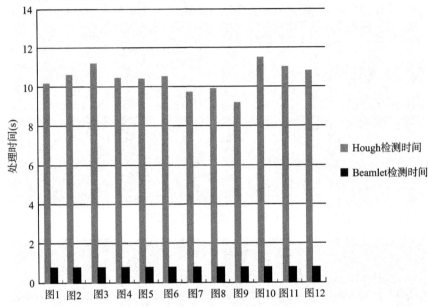

图 3.26　Hough 变换和 Beamlet 变换检测时间的对比结果

3. 基于直线边缘的目标分割

道路标线具有明显的边缘信息，如图 3.27 所示，根据 Beamlet 检测道路标线的边缘所在的直线及其延长线可以将图像分割为多个区域，这些区域分为两大类：道路标线区域和非道路标线区域。

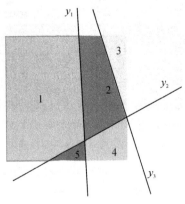

图 3.27　区域分割

对图 3.1 中 12 幅图像中的第五幅按照边缘进行分割，分割效果如图 3.27 所示。其中，通过基于 Beamlet 的直线边缘检测获得三条边缘直线，分别为 y_1、y_2、y_3，设 $y_1 = a_1 x + b_1$，$y_2 = a_2 x + b_2$，$y_3 = a_3 x + b_3$，通过原始图像中标记的直线位置可计算出 $(a_1, b_1) =$ $(0.4, 100)$，$(a_2, b_2) = (0.26, 124)$，$(a_3, b_3) = (-1.6, 310)$，所以 $y_1 = 0.4x + 100$，$y_2 = 0.26x + 124$，$y_3 = -1.6x + 310$，y_1、y_2、y_3 三条直线把整幅图像分割为五个区域，分别为区域一到区域五。对图 3.1 中给出的 12 幅图像，依据其直线边缘分割的结果如图 3.28 所示。

图 3.28　12 幅图像的直线边缘分割效果

3.4　融合灰度与直线边缘的道路标线分割

1. 融合规则

在 3.3.2 节中通过 Beamlet 变换方法检测出路面图像中标线的直线边缘，并通过边缘直线及其延长线将图像分割为多个不同的区域，最后根据不同区域中像素平均灰度之间的差异来确定该区域是道路标线区域还是非道路标线区域。具体融合规则如下：

（1）计算每个区域中像素灰度均值；

（2）找出所有区域中像素均值最大者，记为 Avg_1，并对该区域进行白色标记；

（3）找出所有未标记区域中像素均值最大者，记为 Avg_2；

（4）对上述选择的均值 Avg_1、Avg_2 求差值，选取一个阈值 T，如果差值在阈值范围内，则对未标记区域标记为白色，转（3），否则转（5）；

（5）把剩余所有非标记区域标记为黑色。

2. 分割结果

采用以上融合规则对图 3.27 进行分割，求得各个区域中的像素灰度均值分别为

$$M_1 = 94.9,\quad M_2 = 221.6,\quad M_3 = 85.2,\quad M_4 = 136.4,\quad M_5 = 137.5$$

通过对上述灰度均值分析可得：区域 1、区域 3 的像素灰度均值接近，区域 2、区域 4、区域 5 的像素灰度均值接近。通过给定一个阈值 T，如果区域之间灰度均值差大于 T，则区域之间不进行合并，否则区域之间进行合并，因此区域 1 和区域 3 进行合并，区域 2、区域 4 和区域 5 进行合并。由于路面标线区域像素灰度均值大于非路面标线区域均值，将区域 1 和区域 3 用黑色填充，区域 2、区域 4 和区域 5 用白色填充，填充效果如图 3.29（c）所示。

（a）原始图像　　　　　　（b）Beamlet 检测出的直线边缘　　　　　（c）融合后的分割结果

图 3.29　融合灰度与边缘的路面标线分割结果

采用融合灰度与直线边缘的道路标线的检测方法能够准确地定位和标记出图像中道路标线的位置，对光照、阴影、路面沥青裂缝噪声等影响具有良好的鲁棒性。采用该方法对图

3.1 中给出的 12 张图像进行分割测试，结果如图 3.30 所示，从图中可以看出，该算法实现了道路标线的精确分割，且分割性能远远优于基于灰度特性的道路标线检测和基于直线边缘的道路标线检测。

图 3.30　路面标线的图像分割结果

3.5　算法性能对比

为了验证本章所给算法的通用性，随机选择了 1500 张路面图像进行测试，其中含路面标线的图像为 317 张，不含路面标线的图像为 1183 张，采用基于灰度特征的道路标线检测算法和融合灰度和直线边缘的道路标线检测算法进行处理，两种算法的对比结果如表 3.1 所示。从结果可以看出，本节提出的分割算法的准确率接近 100%，其性能远远优于基于灰度特征道路标线检测的结果。

表 3.1　动态阈值与全局阈值结合法与本节算法的性能对比

测试项目	误检率	漏检率	准检率
动态阈值与全局阈值结合法	21.6%	4.6%	73.8%
本文算法	0.6%	0.4%	99.0%

本 章 小 结

　　本章提出了一种采用融合灰度和直线边缘的道路标线检测方法。该方法通过 Beamlet 获取道路标线图像中的直线边缘，然后通过这些直线边缘将路面标线图像分割为多个区域，最后根据分割区域的灰度特征，采用分裂－合并算法对道路标线区域进行精确分割，实验结果表明该算法的运行效率和检测精度要远远高于阈值分割算法。

第 4 章　融合纹理与形状特征的
路面破损图像初始分类

4.1　路面破损图像初始分类概述

1. 初始分类目的

通过大量的路面破损图像自动采集实验发现，在采集的路面图像中，绝大多数图像都是完好路面图像，只有少部分图像存在破损目标。经大量的实验统计，破损路面图像占整个道路图像的比例一般小于 20%，而且在这 20% 的路面破损图像中，又存在各种类型的破损目标，需要采用不同的路面破损处理算法。如果对每一幅采集的图像都通过多种算法进行处理，势必会消耗大量的计算机处理时间。

为了提高处理效率，可以先对所有路面破损图像进行快速初始分类，此时可以采用较低复杂度的算法对图像进行定性分析，将图像分为完好路面、松散类破损、裂缝类破损、修补破损四大类。在滤除所有完好路面图像后，再采用复杂度较高的算法对破损图像进行定量分析，对路面破损图像进行识别、分割、测量、评价等后续处理，这样可以提高各算法模块的针对性，将算法由串行通路改为并行通路，缩短算法的运行时间。

2. 初始分类流程

初始分类流程图如图 4.1 所示。

路面破损图像初始分类的主要步骤有：

（1）对图像进行融合增强；

（2）判断图像是否含有车道线，并分别进行处理；

（3）提取图像特征，使用 BP 神经网络进行分类。

本章提供基于小波纹理分类和基于形状统计参数分类两种方法，主要将图像分为三类：0—完好图像，1—裂缝图像，2—松散类图像，3—修补类图像。

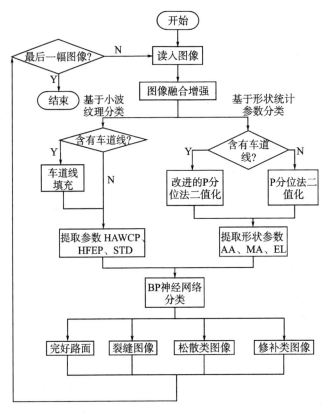

图 4.1　初始分类流程图

4.2　路面破损图像的融合增强

在运用 CCD 摄像机进行路面图像采集时，由于成像系统本身光学结构成像距离短、广角镜头易产生图像畸变等特点，以及成像时的光照不均匀或者存在遮挡阴影，使得进光量不同而造成路面图像亮度不均匀，从而易形成中间亮、周围暗的效果。这给后续的图像处理和分析带来极大的困难，继而影响从路面图像中检测、识别和测量路面破损目标的准确度和可靠性，因此需要对这种退化的图像进行灰度校正，消除其影响，尽可能逼真地恢复原图像。

张娟等[14]通过裂缝图像预处理实验证明，传统的直方图增强、中值滤波、邻域平均法滤波、Sobel 算子滤波和拉氏算子滤波缺乏对整幅图像的理解，在平衡照度、保持裂缝边缘等方面存在缺陷，无法满足裂缝图像检测定位和识别前的预处理要求[14]。可见，裂缝图像预处理算法必须从全局图像的亮度统计特性入手，以实现整幅图像和局部图像相结合，兼顾全局对比度提高和局部细节保持。

文献[25]提出了一种快速的灰度校正算法，该算法分为以下几个步骤：

(1) 将原图像 I_1 划分为 $M \times N$ 个大小相等、互不重叠的子块图像，然后求取每个子块图像的平均灰度 $\varphi(m, n)$，这样就可以得到 I_1 的背景子集 Φ，为

$$\Phi = \begin{bmatrix} \varphi(1, 1) & \cdots & \varphi(1, N) \\ \vdots & \ddots & \vdots \\ \varphi(M, 1) & \cdots & \varphi(M, N) \end{bmatrix} \tag{4.1}$$

(2) 采用双线性插值法将 Φ 进行放大，得到与原图像 I_1 大小相等的背景图像 I_0'。

(3) 通过式(4-2)和式(4-3)所示的背景差法或者局部增强法将得到最终的灰度校正图像 ΔI 或者 I_0'。

$$I = I_1 - I_0' \tag{4.2}$$

$$I_1'(x, y) = I_1(x, y) \times \frac{I_{\max}'}{I_0'(x, y)} \tag{4.3}$$

通过大量实验发现，该算法存在以下两点不足：

(1) 具有明显边缘的目标(如道路标记白线、沥青修补)经过灰度校正后，其边缘将变得模糊。

(2) 经过灰度校正后，图像的整体灰度变得均匀，但是图像的局部对比度未得到改善。

产生缺陷(1)的主要原因是算法中的背景图像 I_0' 直接来自于当前采集的前景图像，如果当前图像中存在较大的破损目标，则无法对该目标遮挡的背景进行准确估计。产生缺陷(2)的原因是该算法只是对图像的整体灰度进行校正，而对于图像的低对比度区域只是进行灰度偏移处理，因此该算法无增强效果。

本文在该算法的基础上提出了改进算法，具体步骤如下：

(1) 采用 t 时刻前 N 幅历史图像的平均值作为初始背景 Φ_0，有

$$\Phi_0 = \frac{1}{N} \sum_{i=t-N}^{t-1} I_i, \ N = 50 \tag{4.4}$$

(2) 每次采集到一幅新的路面图像后，将对背景作如下更新：

$$\Phi_t = \alpha \Phi_{t-1} + (1-\alpha) I(x, y)_t, \ \alpha = 0.98 \tag{4.5}$$

(3) 在获得了图像背景后，按照文献[25]的方法对图像进行整体灰度校正，有

$$\Delta I = I_t - \Phi_t \tag{4.6}$$

（4）将图像 ΔI 映射到 $0 \sim 255$ 灰度级空间，即可得到整体灰度校正图像 I'_t：

$$I'_t = (\Delta I - \Delta I_{\min}) \frac{255}{(\Delta I_{\max} - \Delta I_{\min})} \tag{4.7}$$

（5）对整体灰度校正图像 I'_t 进行局部对比度增强，具体算法为：

将图像 I'_t 划分为 $M \times N$ 个互不重叠、大小为 $m \times n$ 的图像子块，对每一个子块进行直方图均衡化，即可得到局部对比度增强图像 P_t。

局部对比度增强图像 P_t 对裂缝等破损目标进行了增强，但是直方图均衡化操作将对比度较低的沥青修补破损和道路标线标记等低对比度目标也进行了灰度拉伸，使得这些易于识别的目标也变得模糊了。为了保留这些目标，还需进行图像融合操作。

（6）将局部对比度增强图像 P_t 和整体灰度校正图像 I'_t 按如下公式融合，即可得到最终的增强图像。

$$Y = wP_t + (1-w)I'_t \tag{4.8}$$

融合后的效果如图 4.2 所示，可见本文的增强效果要明显优于文献中的算法。

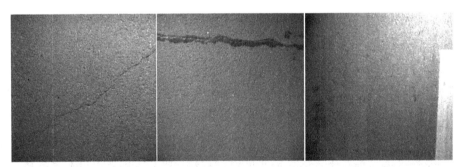

(a) 原始图像

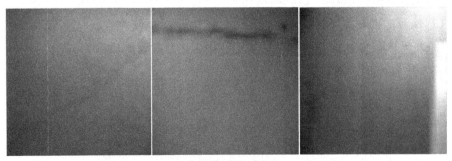

(b) 文献算法提取的背景

(c) 文献处理效果

(d) 本文算法提取的背景

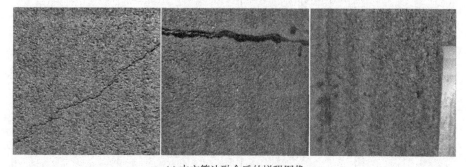

(e) 本文算法融合后的增强图像

图 4.2　图像增强处理过程

4.3　路面破损图像模式的初始分类方法

1. 基于小波变换的纹理特征提取

从 20 世纪 50 年代末起傅立叶变换就一直是变换域处理的基石,近来一种新的变换(称为小波变换)使压缩、传输和分析许多图像变得更便捷。与傅立叶变换(其基础函数是正弦函数)不同，小波变换基于小波函数，具有变换的频率和有限的持续时间。与傅立叶变换相比，小波变换是空间(时间)和频率的局部变换，因而能有效地从信号中提取信息，通过伸缩和平移等运算功能可对函数或信号进行多尺度的细化分析，解决了傅立叶变换不能解决的许多难题。

小波变换是对短时傅立叶变换的改进，它可以在不同尺度上对图像频谱进行分析，而且小波变换的结果也具有时(空)域的局部特征。据研究，人眼对图像的相位信息敏感度高，但是基于傅立叶变换的功率谱计算方法丢弃了重要的相位信息，这对所要研究的纹理判别问题来说是一个很大的缺陷。小波变换可以避免这个问题，提高了数据的利用率，因此特别适合描述图像的纹理。

文献[78]提出了一种基于小波纹理的路面分类算法，设计了三个描述路面纹理的参数，即高幅度小波系数百分比(HAWCP)、高频能量百分比(HFEP)和标准差（STD）。算法计算流程如下：

(1) 首先采用 2 阶 Daubechies 小波函数对路面图像进行如图 4.3 所示的分解，其中，LL_k 为第 k 层分解的近似系数：HL_k、LH_k、LL_k。分别为第 k 层分解的水平细节系数、垂直细节系数和对角细节系数。其中近似系数代表了路面图像中缓慢的灰度变换，细节系数则反映了路面中破损目标边缘灰度的剧烈变化。

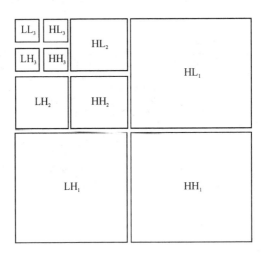

图 4.3　小波分解

（2）在得到了路面图像各层的小波变换系数后，计算每一层高频系数的模：

$$M_k(p, q) = [\text{HL}_k^2(p, q) + \text{LH}_k^2(p, q) + \text{HH}_k^2(p, q)]^{1/2} \tag{4.9}$$

然后按下式对其进行二值化

$$D_k(p, q) = \begin{cases} 1 & \text{if } M_k(p, q) \geqslant C_{th} \\ 0 & \text{if } M_k(p, q) < C_{th} \end{cases} \tag{4.10}$$

其中，阈值 C_{th} 的计算方法如下

$$C_{th} = [2\sigma^2 \log\log(n)]^{1/2} \tag{4.11}$$

其中，σ 为每一级高频系数的标准差，n 为每一级分解图像的大小。

由此可以得到图像的高幅度小波系数百分比（HAWCP），因为第一层分解基本反映了图像中的边缘特征，因此文献只选取第一层分解的高频系数用于计算 HAWCP，其计算公式如下

$$\text{HAWCP} = \sum_{p=0}^{w/2} \sum_{q=0}^{L/2} D_1(p, q) \Big/ \left(\frac{w}{2} \frac{L}{2}\right) \tag{4.12}$$

HAWCP 是一个介于 0 和 1 之间的值，反映了高幅度小波系数在整个图像中占据的比例，该值越大，说明图像中存在的边缘越多，越有可能含有破损目标。

高频能量百分比（HFEP）可按下式进行计算：

$$\text{HFEP} = 1 - \sum_{p=0}^{w/2^k} \sum_{q=0}^{L/2^k} \text{LL}_k^2(p, q) \Big/ \sum_{m=0}^{w} \sum_{n=0}^{L} I^2(m, n) \tag{4.13}$$

其含义为，去掉图像中的低频系数后，高频系数的能量占整幅图像能量的百分比，其大小反映了路面破损的程度。

文献对不同类型路面破损图像的高频小波系数进行了直方图统计，结果如图 4.4 所示，完好路面的直方图分布相对集中，而破损图像的高频小波系数分布相对分散，因此可以利用高频小波系数的标准差（STD）来作为区分完好图像和破损图像的特征参数，STD 按以下方法进行计算。

首先对路面破损图像进行一次小波分解，然后分别计算水平（HL）、垂直（LH）、对角（HH）等高频小波系数的标准差，按式（4.14）选取三者中的最大值作为路面破损图像的标准差（STD）。

$$\text{STD} = \max(\text{STD}(\text{HL}_1), \text{STD}(\text{LH}_1), \text{STD}(\text{HH}_1)) \tag{4.14}$$

本文选择了 48 幅各种类型的路面图像，并计算每一幅图像的纹理特征 HAWCP、HFEP、STD，结果如表 4.1 所示。

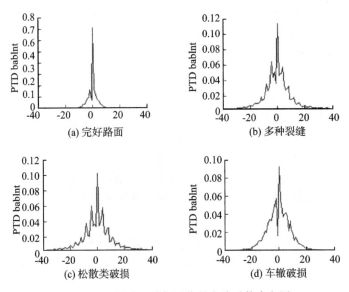

图 4.4　不同路面破损图像的小波系数直方图

表 4.1　路面图像的三组纹理特征值

序号	类型	HAWCP	HFEP	STD	序号	类型	HAWCP	HFEP	STD
1	1	5.3361	1.7385	8.0809	13	1	11.8069	2.0697	9.6006
2	1	1.4671	1.163	5.615	14	1	9.7736	2.2171	9.3889
3	1	2.2267	1.523	6.418	15	1	18.4706	2.8023	11.4692
4	1	0.7299	0.9475	4.9626	16	1	10.1859	2.9916	9.4334
5	2	0.6217	1.2463	5.1943	17	1	0.1661	0.8534	4.2787
6	2	0.717	1.1102	5.2182	18	1	0.1307	0.8964	4.2842
7	2	0.3215	0.9625	4.7671	19	1	0.1535	0.7865	4.2965
8	2	0.9378	1.2636	5.1741	20	1	0.1615	0.7758	4.2635
9	0	0.2633	0.6455	4.3561	21	3	6.6976	1.7233	8.2941
10	0	6.9769	1.7731	8.2706	22	3	0.0897	0.8608	2.9464
11	0	0.2622	0.6412	4.3832	23	3	2.3418	1.6493	6.2167
12	0	7.0517	1.627	8.378	24	3	8.7647	1.8961	9.1442

续表

序号	类型	HAWCP	HFEP	STD	序号	类型	HAWCP	HFEP	STD
25	1	3.7748	0.8368	6.7701	37	0	1.2699	0.733	4.7331
26	1	3.885	1.0033	6.7929	38	0	0.7508	1.1006	4.6027
27	1	3.1349	0.7983	6.4438	39	0	7.1331	1.5377	8.5001
28	1	6.6512	0.7221	8.0395	40	0	2.8848	1.2599	5.6613
29	1	1.814	1.5783	5.4893	41	0	0.573	0.7313	4.1754
30	1	2.3171	1.3717	5.6446	42	0	0.7508	1.1006	4.6027
31	1	15.514	2.1793	10.8426	43	0	6.9754	1.508	8.4021
32	1	2.5178	1.0581	6.0344	44	0	4.765	1.3929	6.7158
33	0	1.2026	0.6121	4.278	45	0	0.5289	0.6328	3.896
34	0	0.8056	1.1114	4.6599	46	0	0.7436	1.1332	4.5699
35	0	7.1331	1.5377	8.5001	47	0	7.5009	1.5451	8.6092
36	0	2.6154	1.2202	5.6035	48	0	2.4916	1.2234	5.5576

2. 路面破损图像的形状特征提取

通过观察分析可知，路面破损目标具有显著的形状特征，因此可以采用形状特征来对路面图像进行分类。一般对图像进行形状分析之前，必须对图像进行二值化。由于路面破损目标在图像中占据的比例较小，而且一般为灰度较低的像素，因此可以采用 P 分位阈值分割算法对增强后的路面破损图像进行二值化，P 分位法的原理为

$$I(x, y) = \begin{cases} 0 & I(x, y) > T \\ 255 & I(x, y) \leqslant T \end{cases} \tag{4.15}$$

其中，阈值 T 满足：

$$\frac{1}{M \times N} \sum_{i=0}^{T} h(i) \leqslant P \tag{4.16}$$

且

$$\frac{1}{M \times N} \sum_{i=0}^{T+1} h(i) > P \tag{4.17}$$

其中，M 为图像的高度，N 为图像的宽度，$h(i)$ 为图像的灰度直方图，一般 P 的取值范围为

10%～20%，需要针对不同的路面图像根据经验进行取值，此处 P 取值为 15%。采用分块 P 分位法对图 2.7 中的路面图像进行二值化，结果如图 4.5 所示。

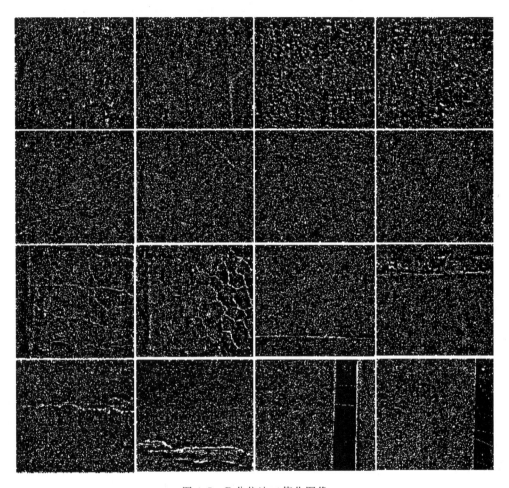

图 4.5　P 分位法二值化图像

　　观察图 4.5 最后两幅图像可以发现，含有车道线的路面图像在使用 P 分位法后会在边界处产生较大的连通域，以致在提取路面形状特征时会造成较大的干扰，从而影响最终分类的准确性，因此本文对 P 分位法进行了改进，具体算法如下：

　　(1) 根据第 3 章介绍的道路标线分割算法，在对图像处理前可以先检测出图像是否含有道路标线，如果含有，则按照步骤(2)～(3)改进的 P 分位法进行处理；反之，则直接使用上述 P 分位法处理。

　　(2) 根据第 3 章算法可以确定的道路标线的精确位置，将路面图像中道路标线区域所有像素的灰度值置为 -1。

（3）将图像分块。本文图像分块大小为 64×64，统计灰度级为 $0 \sim 255$ 的像素分布，分以下三种情况处理：

① 图像子块中如果不含有灰度值为 -1 的像素，即可以直接使用直方图函数 $h(i)$ 统计，使用其上述 P 分位算法，有 $M = 64$，$N = 64$。

② 图像子块中如果含有灰度值为 -1 的像素，则统计灰度值在 $0 \sim 255$ 范围内的像素直方图，并根据式 4.18 和式 4.19 进行二值化。

$$\frac{1}{W} \sum_{i=0}^{T} h(i) \leqslant P \tag{4.18}$$

且

$$\frac{1}{W} \sum_{i=0}^{T+1} h(i) > P \tag{4.19}$$

二值化时，灰度值为 -1 处的车道线置为 0。

③ 如果图像子块处于道路标线内，直接将子块所有像素的灰度值置为 0。

改进前后的 P 分位算法分割结果如图 4.6 所示，可以看出该算法有效地去除了道路标线带来的干扰，在后述的图像特征提取中减小了车道路标线引起的误差。

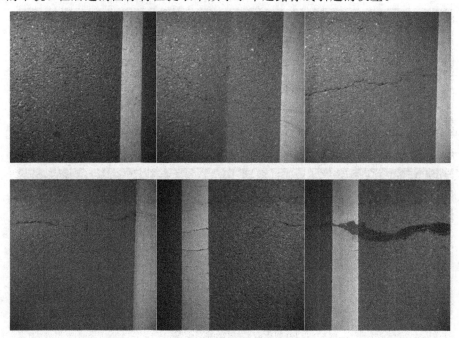

(a) 原始图像

(b) 改进前P分位法分割图像

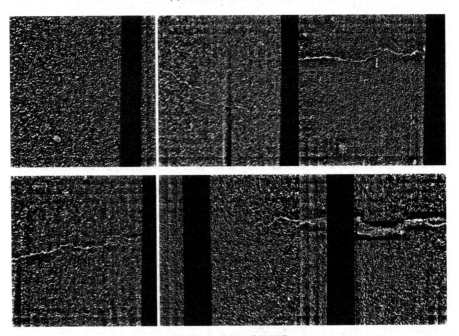

(c) 改进后P分位法分割图像

图 4.6　基于改进 P 分位算法的路面标记图像分割效果图

　　采用本文提出的增强算法和 P 分位阈值分割算法（或改进）对 16 幅不同类型的路面破损图像进行增强和二值化，可以得到如图 4.6 所示的二值图像。本文设计了三个形状参数作为二值图像的分类特征。

　　（1）连通域平均面积（Average Area of the all Connected Components，AA），计算如下：

$$AA = \frac{1}{N} \sum_{i=1}^{N} A_i \tag{4.20}$$

其中，N 为图像中连通域的个数，A_i 为第 i 个连通域的面积。该值反映了路面二值图像的中连通域形状的宏观特征，平均面积越小，说明图像中灰度低的像素分布越分散，则该图像越接近完好路面图像；反之则接近破损路面图像。

　　（2）最大连通域的面积（Area of the Maximum Connected Component，AM），计算如下：

$$AM = \max(A_i)$$

　　该值反映了路面二值图像的中连通域形状的微观特征，该值越大，说明路面破损图像中含有修补类破损目标的可能性越大。

　　（3）最长连通域的有效长度（Equivalent Length of the longest Connected Component，EL），该值也反映了路面二值图像的中连通域形状的微观特征，该值越大，说明路面破损图像中含有裂缝类破损目标的可能性越大。

　　对于一个二维目标，其长度可以有多种表达方式，如轮廓线上最长弦、最小外接椭圆主轴、最小转动惯量轴、中轴长度、最长直线距离、最小外接椭圆主轴等。最小转动惯量轴适合描述如图 4.7 所示的直线类带状目标的长度，但是不适合描述如图 4.7 所示的曲线类带状目标的长度，中轴虽然可以描述两种形状的长度，但是由于裂缝目标具有粗糙边缘，这类目标的中轴具有多个分支，其像素计数值要远远大于裂缝的实际有效长度。为了解决以上问题，本文提出了一种基于形状重建的有效长度，其算法流程如下。

　　（1）首先对路面破损二值图像进行连通域标记，保留最小外接椭圆主轴长度大于 L_T 的连通域。

　　（2）计算保留的每一个连通域的有效长度，其具体步骤为：

　　① 采用文献[3]提出的算法，提取选中连通域的轮廓，该算法可以避免"虫随法"效率低的问题。

　　② 对提取的轮廓线进行傅立叶描述，然后保留傅立叶描述子中的低频成分。

　　③ 对低频傅立叶描述子进行逆变换，得到连通域的重建形状。其具体算法[127]如下：

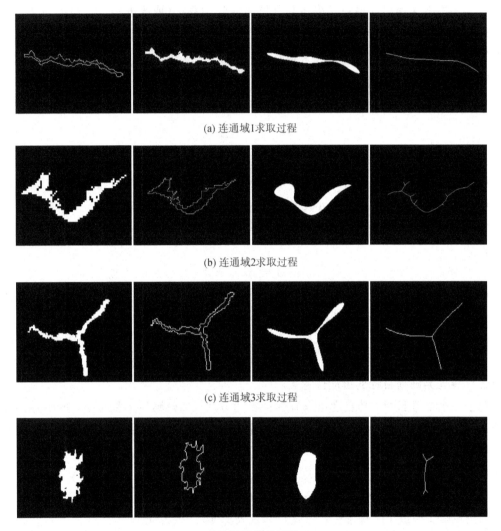

(a) 连通域1求取过程

(b) 连通域2求取过程

(c) 连通域3求取过程

(c) 连通域4求取过程

图 4.7　4 种不同形状的有效长度求取过程

　　首先将形状目标的轮廓坐标$(x(k)，y(k))$转换成复数序 $s(k)$，$s(k)＝x(k)+i*y(k)$，k 为目标轮廓点的序号，然后对 $s(k)$ 进行傅立叶变换，有

$$a(u) = \frac{1}{K} \sum_{k=0}^{K-1} s(k) e^{-j2\pi uk/K} \tag{4.21}$$

式中，$u＝0，1，2，\cdots，K-1$，复系数 $a(u)$ 即为轮廓的傅立叶描述子。同样，根据一维傅立叶逆变换原理，可以得到 $a(u)$ 的傅立叶逆变换 $s(k)$ 如下：

$$s(k) = \sum_{u=0}^{K-1} a(u) e^{j2\pi uk/K} \tag{4.22}$$

式中，$k=0,1,2,\cdots,K-1$。进一步来说，在傅立叶逆变换时，假设不使用所有的傅立叶系数，而只使用前 L 个系数，即在式(4.29)中令 $a(u)=0$，$u>L-1$，结果为 $s(k)$ 的近似值 $\hat{s}(k)$，即

$$\hat{s}(k) = \sum_{u=0}^{L-1} a(u) e^{j2\pi uk/K} \tag{4.23}$$

式中，$k=0,1,2,\cdots,K-1$。这里，虽然只有 L 项系数用于计算 $s(k)$ 的每个元素 $\hat{s}(k)$，但 k 值仍然从 0 取到 $K-1$ 的值，换句话说，在近似轮廓中仍存在与原轮廓同样数目的点，但重构每个点时并不使用同样多的项，只取前面 L 项系数作为形状重构的傅立叶描绘子。使用的项数越多，轮廓恢复越近似于原轮廓，这是因为在傅立叶变换中低频成分描述对象的整体形状，而高频成分则刻画形状的细节部分。

④ 求取重建形状的中轴，并对中轴像素进行计数，该计数值即为目标的中轴长度为有效长度。

⑤ 按照公式(EL＝EL/f)对中轴长度进行修正，其中 f 为目标形状的原型填充度，定义为目标形状的实际面积与最小外接圆面积之比，圆的 f 值为 1，正方形的 f 值为 0.637，等边三角形的 f 值为 0.414，长宽比为 4 的矩形的 f 值为 0.3。填充度越小，说明该形状越接近线状目标。

(3) 选择所有保留连通域中的最大有效长度作为二值图像的特征值。

算法效果如图 4.7 所示。

表 4.2 给出了图 4.7 中 4 种形状 4 种不同的长度描述值，从表中可以看出，修正后的有效长度能更有效地将线状目标与非线状目标区分开来。

表 4.2　几种不同的形状的多种长度描述对比

序号	最小外接椭圆主轴	最长弦	有效长度	修正后的有效长度
1	272	247	243	10942
2	252	266	354	4960
3	137	147	208	5118
4	71	76	74	184

表 4.3 给出了 48 幅路面图像的破损类型及相应形状参数的 AA、MA 及 EL 值。

表 4.3　路面图像的三组形状参数

序号	类型	AA	MA	EL	序号	类型	AA	MA	EL
1	1	6.49	98	6334.32	25	1	7.25	147	27451.25
2	1	5.42	100	532.64	26	1	6.76	119	1979.46
3	1	5.98	118	3610.77	27	1	6.72	133	4839.29
4	1	4.88	114	504.17	28	1	7.26	131	1802.77
5	2	9.73	168	473.82	29	1	15.48	138	1354.64
6	2	8.4	172	166.88	30	1	15.09	145	1699.78
7	2	8.76	169	181.96	31	1	7.59	129	9339.55
8	2	8.54	164	205.85	32	1	17.31	165	1600.95
9	0	5.4	95	46.65	33	0	16.33	135	318.27
10	0	6.35	84	47.2	34	0	17.36	128	308.67
11	0	4.74	92	148.79	35	0	8.67	96	54.55
12	0	6.34	90	386.57	36	0	9.55	102	51.09
13	1	7.17	93	609.44	37	0	19.03	138	369.66
14	1	8.04	102	2098.47	38	0	16.99	123	131.43
15	1	6.92	100	7668.13	39	0	8.67	96	54.55
16	1	7.21	86	49.17	40	0	9.52	99	51.95
17	1	6.16	149	3871.27	41	0	17.11	138	317.09
18	1	6.36	138	1415.98	42	0	16.99	123	131.43
19	1	5.87	172	1939.85	43	0	8.54	96	46.79
20	1	6.02	191	2449.16	44	0	9.64	98	51.14
21	3	9.72	131	544.07	45	0	15.16	120	59.57
22	3	10.43	123	447.66	46	0	17.33	126	55.05
23	3	9.74	130	671.9	47	0	8.41	92	44.73
24	3	9.05	99	625.52	48	0	9.61	109	58.94

3. 基于 BP 神经网络的多特征融合分类算法

在得到路面破损图像的小波纹理特征和形状特征后，本书设计了如图 4.8(a)所示的 BP 神经网络，采用 3 种特征组合方式（纯小波纹理参数组合｛HAWCP，HFEP，STD｝，纯形状参数组合｛AA，MA，EL｝，特征融合方式｛HAWCP，HFEP，STD，AA，MA，EL｝）对 48 幅样本图像进行训练。采用特征融合方式经过 813 次训练后就已经快速收敛，并且网

络训练精度明显高于文献[14]中采用子块灰度方差的方法。然后对 800 幅路面图像（其中
400 幅为完好路面图像，400 幅为各种类型的路面破损图像）进行分类，输出结果是一个一
维向量，[0，0]表示完好图像，[0，1]表示裂缝图像，[1，0]表示松散类图像，[1，1]表示
修补类图像。测试结果如图 4.9 所示，其中误检率、漏检率、错误率定义如下：

$$误检率 = \frac{完好路面图像误检为破损图像的张数}{完好路面图像总张数} \times 100\%$$

$$漏检率 = \frac{破损图像误检为完好路面图像的张数}{破损路面图像总张数} \times 100\%$$

$$错误率 = \frac{所有识别错误的图像}{所有路面图像的总张数} \times 100\%$$

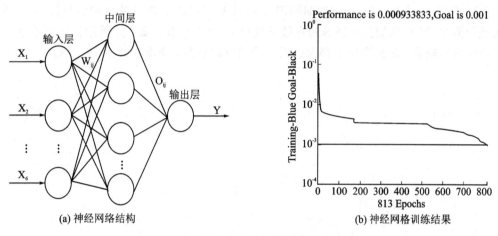

图 4.8　本文设计的神经网络结构及训练结果

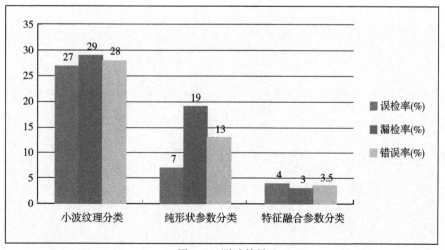

图 4.9　测试结果

从测试结果可以看出，采用特征融合参数对路面破损图像进行分类的效果最好，其误检率、漏检率、错误率分别为 4%、3%、3.5%，分类正确率高达 96.5%，远远优于小波纹理分类方法(72%)和纯形状参数分类方法(87%)。

4.4 本章小结

本章提出了一种高效的路面破损图像初始分类算法。该算法将局部对比度增强图像 P_t 和整体灰度校正图像 I'_t 进行融合得到增强的路面破损图像，然后采用 P 分位法对图像进行二值化，并在二值化图像的基础上进行特征提取。在多种特征中选择出高幅度小波系数百分比(HAWCP)、高频能量百分比(HFEP)、标准差(STD)、连通域平均面积(AA)、最大连通域的面积(MA)和最长连通域的有效长度(EL)六个显著特征，并采用神经网络理论对这些特征进行融合，最终实现了路面破损图像的有效分类，准确率高达 96.5%。

第 5 章　基于 D‑S 证据理论与多特征融合的裂缝类目标检测

5.1　裂缝类路面破损图像特征分析

　　裂缝类破损是路面病害中最常见的形式之一，其外观形态、几何参数是路面破损程度的关键影响因子，若能在裂缝出现初期就发现并跟踪其发展情况，从而在路面养护中进行合理决策和评估，则道路养护费用将大大减少。如图 5.1 所示为常见的路面裂缝病害，其中基本的裂缝类型包括横向裂缝、纵向裂缝、块状裂缝和网状裂缝四种。

　　路面裂缝作为一种典型的线状目标，其一般性定义为[142]：空间上是连续的(spatially continuous)、几何上是光滑的(geometrically smooth)、形状上是长条状(long)的目标，线状目标中心灰度图像大致表现为均匀或缓慢变化，目标的边缘特征为局部对应平行，这一定义实际概括了线状目标的灰度特征和形状特征。结合文献的归纳和特征提取实验，还可以得出裂缝目标的独有特征。

　　1. 灰度特征

　　性质 1：裂缝相对于路面背景来说是一些灰度值较低的像素集合。

　　性质 2：裂缝目标像素在整个路面图像中占据的比例很小，一般不超过 20%。

　　性质 3：路面背景和裂缝目标像素灰度直方图均近似服从高斯分布。

　　性质 4：由于光照不均匀的影响，裂缝像素在整幅路面图像中的不同位置上可能呈现出不同的灰度均值。

　　2. 边缘特征

　　性质 5：裂缝中央灰度值低，边缘灰度值高，其剖面呈山谷状，是一种脊边缘。

　　性质 6：在同一幅路面图像中，裂缝边缘呈现出不同的尺度。

　　3. 形状特征

　　性质 7：一般来说，裂缝具有一定的线状特征和一定的方向，在空间上具有连续性。

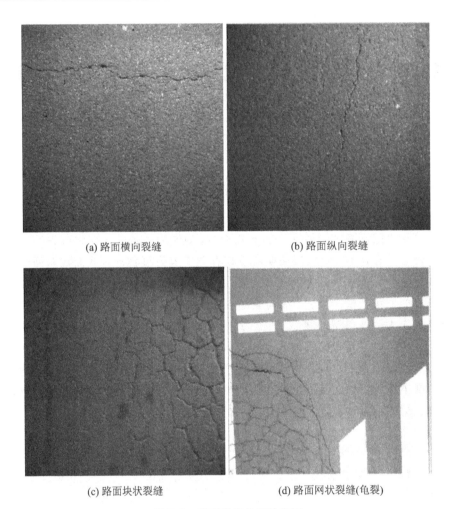

(a) 路面横向裂缝　　　　　　　　　　　(b) 路面纵向裂缝

(c) 路面块状裂缝　　　　　　　　　　　(d) 路面网状裂缝(龟裂)

图 5.1　路面裂缝的四种类型

5.2　基于灰度特征的路面裂缝检测目标识别

如图 5.2(a)所示是一幅 1024×1024 大小的 256 级灰度路面裂缝图像,由于光照不匀、阴影遮挡等原因,道路破损图像经常出现明暗不匀的区域,图像中的裂缝像素灰度值也随着区域的灰度而变化,采用全局阈值无法将裂缝从背景中分割出来。图 5.2(b)是采用全局 Ostu 阈值进行分割的结果,从图中可以看出,由于光照不均匀的影响,图像中暗处的裂缝无法被分割出来,而亮处的裂缝又被周围噪声淹没。采用子块分析方法(Grid Cell

Analysis，GCA)可以用局部最优阈值对图像进行二值化，因为在一个子块内图像灰度分布是近似均匀的。近年来利用 GCA 法进行路面破损识别和分类已经成了一个研究热点[42]。

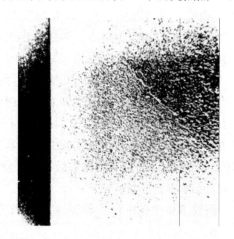

(a) 原始图像　　　　　　　　　　　(b) 采用Ostu全局阈值分割结果

图 5.2　路面裂缝原始图像及 Ostu 全局阈值分割结果

在 GCA 方法中，子块大小的选取非常重要，通常与裂缝宽度有密切关系，而且必须是 2 的指数幂，子块过大则不易选取局部阈值，过小又会增加计算量。经大量实验，发现对于 10 个以下像素宽度的路面裂缝，选取 64×64 作为子块大小较为合适。

如图 5.3 所示是含有裂缝的子图像及其直方图。

图 5.3　含有裂缝的子图像及其直方图

如图 5.4 所示是不含裂缝的与图像及其直方图。

图 5.4　不含裂缝的子图像及其直方图

在对路面图像进行分块后，需要对每一个图像子块进行自动阈值分割。根据裂缝性质 5 可知图像子块内背景直方图 $H_b(i)$ 和裂缝直方图 $H_c(i)$ 均近似服从高斯分布，因此可以用直方图拟合的方法估计出这两个高斯分布函数的参数，高斯函数的相交处即为子块图像的

分割阈值 T。

利用多个高斯分布的叠加来对直方图进行逼近是直方图分析的重要方法之一，文献 [143] 提出一种利用最小平方误差的准则来对直方图进行逼近的方法，并运用于 MR 脑图像的分割，该方法根据最小二乘法不断对参数进行迭代，直到迭代稳定为止，从而实现拟合函数的参数估计；文献 [144] 采用基于 EM 的直方图逼近方法对拟合函数的参数进行估计，并应用于矿相图像分析；文献 [145] 利用期望最大 (EM) 算法和贝叶斯信息准则 (BIC) 估计最佳混合高斯分布模型，并对遥感图像进行了多阈值的分割。这些算法均采用迭代的方法对直方图的参数进行估计，求解过程复杂，计算量较大，不适合本书大量图像子块的自动阈值分割。本书在研究这些文献的基础上，对文献 [145] 的算法进行了简化，根据分割阈值 T 近似估计高斯函数的参数，并以分解残量能量最小为准则，最终得到一个最佳分割阈值，该算法流程如下。

假设子块图像中背景和裂缝直方图近似服从高斯分布，可以用式 (5.1)、式 (5.2) 表示，有

$$H_b(i) = a_b e^{\frac{(i-u_b)^2}{2\sigma_b^2}} + E_b(i) \tag{5.1}$$

$$H_c(i) = a_c e^{\frac{(i-u_c)^2}{2\sigma_c^2}} + E_c(i) \tag{5.2}$$

其中，$E_b(i)$ 和 $E_c(i)$ 为随机噪声，则子块图像的直方图函数为二者的叠加，即

$$H(i) = H_b(i) + H_c(i) = a_b e^{\frac{(i-u_b)^2}{2\sigma_b^2}} + E_b(i) + a_c e^{\frac{(i-u_c)^2}{2\sigma_c^2}} + E_c(i) \tag{5.3}$$

将 $E_b(i) + E_c(i)$ 用 $E(i)$ 代替得

$$H(i) = a_b e^{\frac{(i-u_b)^2}{2\sigma_b^2}} + a_c e^{\frac{(i-u_c)^2}{2\sigma_c^2}} + E(i) \tag{5.4}$$

令 $\hat{H}(i) = a_b e^{\frac{(i-u_b)^2}{2\sigma_b^2}} + a_c e^{\frac{(i-u_c)^2}{2\sigma_c^2}}$ 为 $H(i)$ 的估计值，$E(i)$ 为分解残量，当 $E(i)$ 的能量 $\sum\limits_{i=0}^{255} E(i)^2$ 为最小值时，$\hat{H}$ 为 $\boldsymbol{H}$ 的最优估计。最优估计 $\hat{H}$ 的参数可以通过式 (5.5) 的搜索算法求得，然后根据

$$(a_b^*, u_b^*, \sigma_b^*, a_c^*, u_c^*, \sigma_c^*) = \text{Arg}\left[\min_{\substack{0 \leqslant a_b \leqslant 4096, 0 \leqslant u_b \leqslant 255, 0 \leqslant \sigma_b \leqslant 255}} \sum_{i=0}^{255} (H(i) - a_b e^{\frac{(i-u_b)^2}{2\sigma_b^2}} - a_c e^{\frac{(i-u_c)^2}{2\sigma_c^2}})^2\right] \tag{5.5}$$

这些参数最终求得分割阈值 T。这是一个 6 自变量的极值搜索算法，需要嵌套多重循环，而且随着步长的细化，计算量将出现陡增，明显不适合快速阈值分割。但是可以通过参数估计的方法求出 a_b、u_b、σ_b、a_c、u_c、σ_c 的估计值，将这些变量转化为阈值 T 的函数，从而将多变量的求解问题转化为单变量的求解问题，而且阈值的变化步长为 1，这样计算量将大

大减小。假设阈值 T 可以将路面裂缝图像分为背景和裂缝目标两部分，则 u_b、σ_b 为背景图像的均值和方差，a_b 为背景图像中频度最高的灰度值，它们的近似估计值分别为

$$\hat{u}_b = \frac{\sum_{i=0}^{T} H(i) \times i}{\sum_{i=0}^{T} H(i)}, \quad \hat{\sigma}_b = \sqrt{\frac{\sum_{i=0}^{T} H(i) \times (i - \hat{u}_b)^2}{\sum_{i=0}^{T} H(i)}}, \quad \hat{a}_b = H(\hat{u}_b) \qquad (5.6)$$

同理，可得目标图像的均值和方差 u_c、σ_c 以及目标图像中频度最高的灰度值 a_c 的近似估计值为

$$\hat{u}_c = \frac{\sum_{i=T+1}^{255} H(i) \times i}{\sum_{i=T+1}^{255} H(i)}, \quad \hat{\sigma}_c = \sqrt{\frac{\sum_{i=T+1}^{255} H(i) \times (i - \hat{u}_c)^2}{\sum_{i=T+1}^{255} H(i)}}, \quad \hat{a}_c = H(\hat{u}_c) \qquad (5.7)$$

因此式(5.5)的多变量极值求解问题转变为一个单变量极值求解问题，采用以下搜索方法可以得到 T 的数值解。

令 $f_1(T, i) = \hat{a}_b e^{\frac{(i - \hat{u}_b)^2}{2\hat{\sigma}_b^2}}$，$f_2(T, i) = \hat{a}_c e^{\frac{(i - \hat{u}_c)^2}{2\hat{\sigma}_c^2}}$，为了降低式(5.5)的计算复杂度，可以将平方和函数变为绝对值和函数，因此建立以下准则函数：

$$f(T) = \sum_{i=0}^{255} |f_1(T, i) + f_2(T, i) - H(i)| \qquad (5.8)$$

使准则函数 $f(T)$ 取极小值时的灰度值 T^*，即有最佳分割阈值为

$$T^* = \mathrm{Arg}\left[\min_{0 \leqslant i \leqslant 255} f(T)\right] \qquad (5.9)$$

为了进一步减小计算量，可以缩小阈值 T 的搜索范围。设阈值搜索上限为 T_{up}，根据裂缝图像的性质 6，T_{up} 应满足以下条件：

$$\frac{\sum_{i=0}^{T_{up}} H(i)}{\sum_{i=0}^{255} H(i)} \leqslant 20\% \qquad (5.10)$$

则最佳分割阈值修正为

$$T^* = \mathrm{Arg}\left[\min_{0 \leqslant i \leqslant T_{up}} f(T)\right] \qquad (5.11)$$

为了证明本书所提出算法的有效性、通用性和适用性，这里选择了 5 幅有代表性的沥青路面子块图像，与三种经典算法（最小误差法、Ostu 阈值法、最大熵法）进行了实验对比，需要识别的目标为图像中较低灰度的裂缝区域，其中 3 幅图像中含有裂缝，分别如图 5.5(a)、图 5.6(a)、图 5.7(a)所示，两幅图像中不含裂缝，分别如图 5.8(a)和图 5.9(a)所示。

原图　　　　　　　人工分割　　　　　最小误差 $T=106$

Ostu $T=111$　　　　　最大熵 $T=114$　　　　　本书 $T=106$

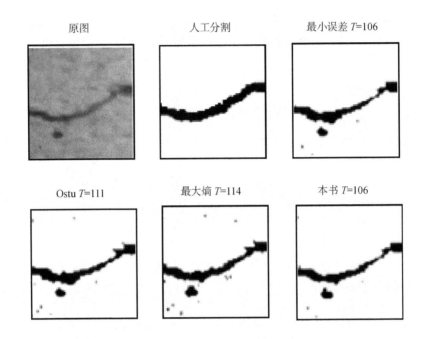

(a) 1#图像子块的原始图像及四种算法的分割结果

估计直方图

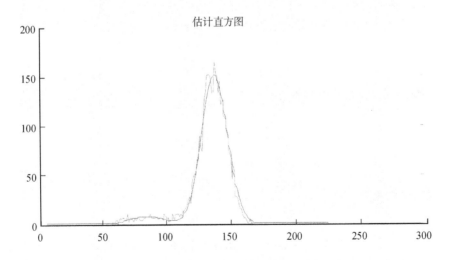

(b) 1#图像子块的原始直方图和估计直方图

图 5.5　1#图像子块的分割结果与估计直方图

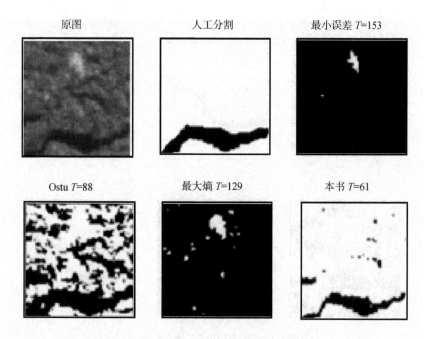

(a) 2#图像子块的原始图像及四种算法的分割结果

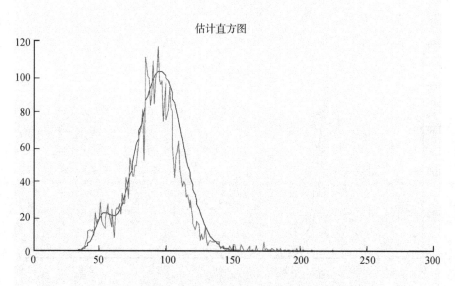

(b) 2#图像子块的原始直方图和估计直方图

图 5.6　2♯图像子块的分割结果与估计直方图

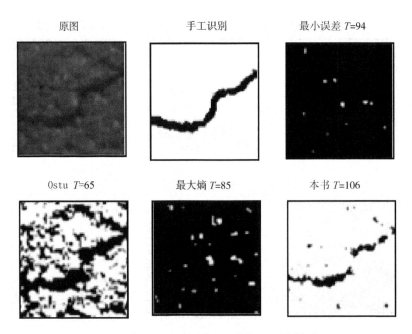

(a) 3#图像子块的原始图像及四种算法的分割结果

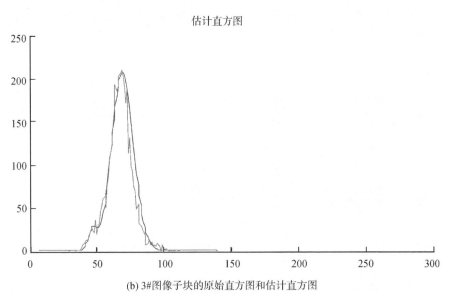

(b) 3#图像子块的原始直方图和估计直方图

图 5.7　3＃图像子块的分割结果与估计直方图

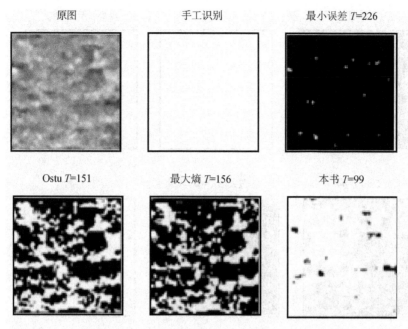

(a) 4#图像子块的原始图像及四种算法的分割结果

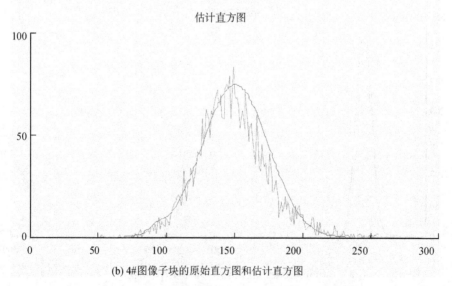

(b) 4#图像子块的原始直方图和估计直方图

图 5.8 4♯图像子块的分割结果与估计直方图

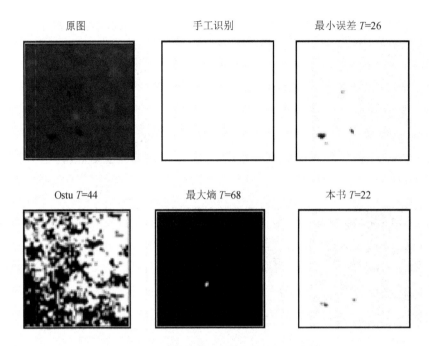

(a) 5#图像子块的原始图像及四种算法的分割结果

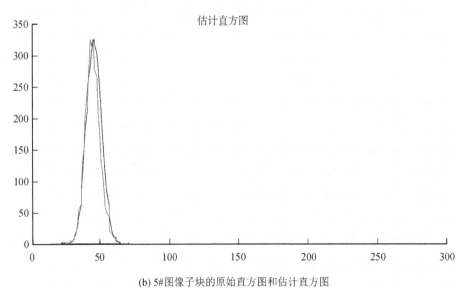

(b) 5#图像子块的原始直方图和估计直方图

图 5.9　5♯图像子块的分割结果与估计直方图

为评价各种算法的分割性能，采用主观评价的方式对四种算法的分割结果进行打分，5分代表"最好"，4分代表"好"，2分代表"一般"，0分代表"差"。四种算法的性能对比如表5.1和图5.10所示，从表中可以看出本书算法的总体分割效果要明显优于其余三种经典算法的分割效果。为了验证本文算法的实用性，对四种算法的时间复杂度进行了对比，实验硬件环境为 P4 1.6 G 的 CPU，760 M 内存的笔记本电脑，软件环境为 Matlab 7.1，算法耗时单位为 ms，算法对比结果如表5.2所示，其中 Ostu 算法复杂度最低，其次是最小误差法，本书算法与最大熵法相当。

表 5.1　算法性能对比

图像子块	最小误差法	Ostu 阈值法	最大熵法	本书算法
1#	最好	好	好	最好
2#	差	一般	差	最好
3#	差	一般	差	好
4#	差	差	差	好
5#	好	差	差	最好

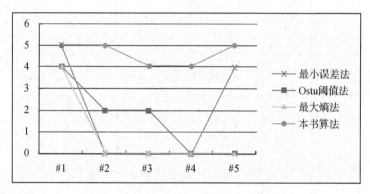

图 5.10　算法性能对比图

表 5.2　算法时间复杂度对比(时间单位 ms)

图像子块	最小误差法	Ostu 阈值法	最大熵法	本书算法
1#	10	<1	50	50
2#	10	<1	40	60
3#	10	10	20	20
4#	10	10	40	40
5#	10	<1	20	10

　　采用本书的局部阈值分割算法对图 5.2(a)进行灰度特征提取,将得到如图 5.11 所示的二值图像。从图中可以看出裂缝区域基本上都被分割出来,但是部分背景噪声子块也被保留了下来,这是因为部分噪声子块与裂缝子块具有相同的直方图特征,因此通过单一的灰度特征很难将裂缝目标精确分割出来。

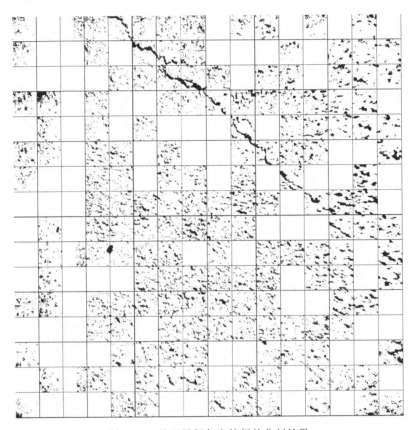

图 5.11　基于局部灰度特征的分割结果

5.3　基于多尺度脊边缘融合的路面裂缝目标识别

1. 路面裂缝的脊边缘特征

　　图像边缘是物体轮廓或物体不同表面之间的交接在图像中的反应,对应图像中灰度、色彩、纹理的突变处。按照边缘两端光的强度变化,边缘可以分为阶跃边缘(即 Step Edge)、脊边缘(Ridge Edge)和屋顶边缘(Roof Edge)[146],各边缘的两侧光强度变化轮廓如图 5.12 所示。

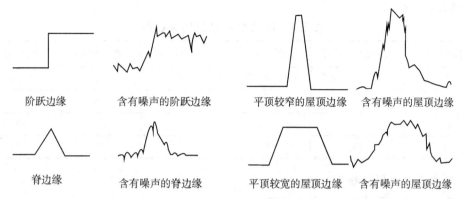

图 5.12　不同边缘的轮廓

在图像边缘中：阶跃边缘最常见，阶跃边缘两侧像素灰度对比度较大；脊边缘中间灰度值较大，两侧灰度逐渐降低呈山脊形状，脊边缘经常出现在多面体的两个平面相交的凹形交线上；屋顶边缘的平顶较宽时，可以将屋顶边缘看做是两个近似阶跃边缘信号的叠加，平顶较窄时，可以用脊边缘代替。

从图 5.13(a)选取 A、B、C、D 等 4 条裂缝，并作出如图 5.13(b)所示的剖面图，从剖面图可以看出，路面裂缝是一种典型的脊边缘，这种边缘中心灰度值最小，两侧灰度值由中心向两边过渡，逐渐增大，最后趋于平稳，由于路面背景含有丰富的纹理，因此裂缝脊边缘上还含有大量噪声。

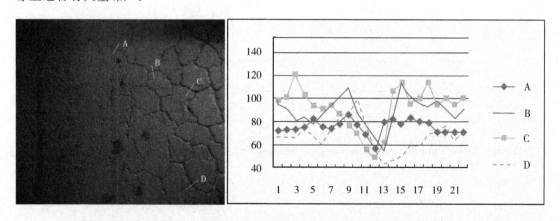

(a) 四条裂缝在图像中的位置　　　　　　　　　　　(b) 四条裂缝的剖面图

图 5.13　路面裂缝脊边缘及剖面图

脊边缘的主要描述特征包括边缘深度、边缘宽度、最小和最大灰度、边缘的方向、边缘的长度，这些参数共同判定某脊边缘应该作为目标的可能性。表 5.3 描述了 A、B、C、D 等

4 条裂缝的多个特征。

表 5.3　路面脊边缘的相关参数

裂缝标号	宽度（像素）	深度（像素）	最小灰度	最大灰度	方向（度）
A	5	23	57	83	225
B	8	48	53	107	15
C	15	53	52	113	155
D	13	37	55	85	235

2. 脊边缘的性质及检测方法

1）脊边缘的一阶导数与二阶导数特性

比较几种典型的脊边缘在正交截面上对应的一维信号 $f(x)$（如图 5.14 所示），可以看到，脊边缘位置与 $f(x)$ 一阶导数的零交叉或二阶导数的极值点对应，然而并非所有二阶导数极值点都对应于脊边缘，所以不能用二阶导数的极值点而只能用一阶导数的零交叉确定脊边缘的位置。此外，为了剔除脊边缘中次要的和由噪声产生的无意义的部分，除了对脊边缘的位置进行描述外，还需要对它的强度进行描述。由于脊边缘表现为 $f(x)$ 由增加到减少（或由减少到增加）的转折，这种转折的方向（向上凸或向下凹）和剧烈程度分别反映为 $f(x)$ 二阶导数的正负符号和绝对值，所以可以用一阶导数零交叉处的二阶导数描述脊边缘的强度，其中强度为正代表"暗"的脊边缘，强度为负代表"亮"的脊边缘。

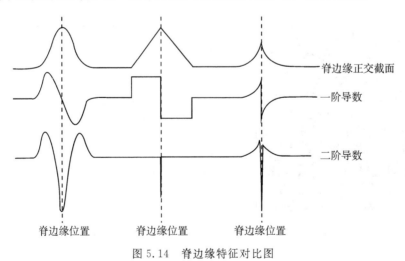

图 5.14　脊边缘特征对比图

2）脊边缘的检测方法

在图像检测中，许多待识别的目标其边缘都是脊边缘，经典边缘检测方法往往只研究阶跃边缘的检测，而对脊边缘的讨论较少。由于脊边缘的特点不同于阶跃边缘，检测脊边缘一般是判断一阶差分滤波的过零点，而阶跃边缘是判断一阶差分滤波的局部极值，因此传统的边缘检测方法不适合脊边缘的检测。

文献[147]指出采用高斯函数对一维信号作卷积运算，相当于对该信号作高斯滤波，采用高斯信号的一阶导数和二阶导数与原始信号进行卷积相当于对原始信号的一阶导数和二阶导数与高斯函数进行卷积。相关证明见下面的定理，因此可以采用高斯函数的一阶导数与原信号进行卷积求得边缘的过零点位置，采用二阶导数与原始信号进行卷积求得边缘的强度，通过二者联合判断脊边缘是否存在。

定理[148]

$$S(x) * g(x)' = S(x)' * g(x)$$

证明：假设 $y(x) = S(x) * g(x)$，则

$$y'(x) = \frac{\mathrm{d}}{\mathrm{d}x}[S(x) * g(x)] = \frac{\mathrm{d}}{\mathrm{d}x}\Big[\int_{-\infty}^{+\infty} S(\tau) g(t - \tau)\mathrm{d}\tau\Big]$$

$$= \int_{-\infty}^{+\infty} S(\tau) \Big\{\frac{\mathrm{d}}{\mathrm{d}x}[g(t - \tau)]\Big\}\mathrm{d}\tau = \int_{-\infty}^{+\infty} S(\tau) \Big\{\frac{\mathrm{d}}{\mathrm{d}(t - \tau)}[g(t - \tau)]\Big\}\mathrm{d}\tau$$

$$= S(x) * \frac{\mathrm{d}g(x)}{\mathrm{d}x} = S(x) * g'(x)$$

同理得

$$y'(x) = S'(x) * g(x)$$

因此

$$y'(x) = S(x) * g'(x) = S'(x) * g(x)$$

同理可得

$$S''(x) * g(x) = S(x) * g''(x)$$

为了验证理论的正确性，对上述定理进行离散算法实验：

（1）采用人工合成方法生成高斯型、三角型、屋顶型三种脊边缘，并组合成一个一维 $S(x) = l(x) + m(x) + n(x)$，其中 $l(x)$ 是高斯型脊边缘信号，$m(x)$ 是三角型脊边缘信号，$n(x)$ 是屋顶型脊边缘信号。

（2）在该信号上叠加一定的随机噪声。

（3）分别用高斯一阶导数 $g'(x) = \frac{Ax}{-\sigma^2}\mathrm{e}^{\frac{-x^2}{2\sigma^2}}$ 和二阶导数 $g''(x) = -\frac{A}{\sigma^2}\mathrm{e}^{\frac{-x^2}{2\sigma^2}} + \frac{Ax^2}{\sigma^4}\mathrm{e}^{\frac{-x^2}{2\sigma^2}}$ 与该合成信号进行卷积。

算法的运行结果如图 5.15 所示，从图中可以看出：脊边缘一阶导数的零点正好对应脊边缘的顶点，二阶导数的极大值与脊边缘的强度成正比，因此可以用该算法检测图像中的脊边缘。

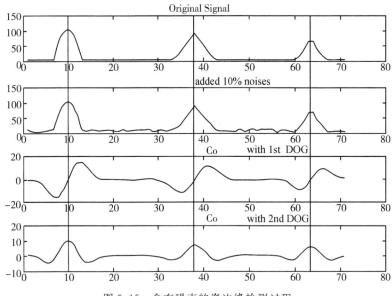

图 5.15　含有噪声的脊边缘检测过程

3）基于多尺度融合的脊边缘检测方法

从图 5.13 可以看出，一幅路面图像中含有不同尺度的脊边缘，采用单一尺度的高斯一阶导数作为小波函数虽然可以检测出脊边缘的过零点位置，而且不受小波函数尺度的影响，但是采用单一尺度的高斯二阶导数作为小波函数计算脊边缘强度时，当小波函数的尺度与脊边缘尺度相当时，其边缘强度响应最大。

为了验证以上脊边缘尺度与滤波器尺度之间的关系，进行如下实验：

（1）用高斯函数人工合成含有不同尺度($\sigma=1$，2，3，4)脊边缘的一维加噪信号。

（2）选择不同尺度($\sigma=1$，2，3，4)的二阶高斯导数的滤波器。

（3）用不同尺度的滤波器与脊边缘信号进行卷积运算。

（4）对多个尺度卷积的信号按式(5.12)进行融合。

$$F(x) = q_1 f_1(x) + q_2 f_2(x) + \cdots + q_i f_i(x) \tag{5.12}$$

式中，q_i 为归一化系数，$f_i(x)$ 为尺度 σ_i 时的卷积结果，$F(x)$ 为融合后的信号。

运行结果如图 5.16 所示，图 5.16(f)～图 5.16(i)为单一尺度滤波器检测结果，图 5.16(j)为采用多尺度滤波器融合检测结果。从图中可以看出，滤波器的尺度越大，则大尺度脊边缘的响应强度就越大；反之，滤波器的尺度越小，则小尺度脊边缘的响应强度就越大，有较大响应强度的脊边缘主要表现为与当前高斯函数尺度相当大小的目标。采用多个尺度的滤波器对信号进行融合检测，可最大程度地检测出不同尺度的脊边缘，融合后的检测结果（见图 5.16(j)）与原始信号（见图 5.16(a)）非常接近。

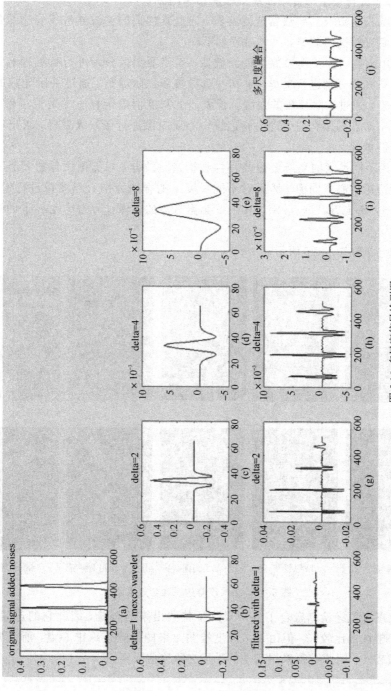

图 5.16　多尺度信号检测图

3. 基于多尺度脊边缘融合路面裂缝检测结果与分析

本节使用高斯函数及其导数构造滤波器，通过其构造的滤波器进行脊边缘的检测，并通过裂缝形态特征筛选出裂缝，具体过程如下。

（1）首先用高斯函数及其导数构造滤波器，对路面图像分别进行行处理和列处理，即对路面图像的行和列分别进行平滑，求其一阶导数和二阶导数，通过一阶导数的零点确定脊边缘的中心点，通过二阶导数的强度及像素点的灰度值确定脊边缘是否存在。然后对行处理的脊边缘中心点图像和列处理的脊边缘中心点图像进行像素级融合，求出该尺度下的脊边缘中心点图像。

（2）分别用不同尺度的高斯函数及其导数构造滤波器，对路面图像进行处理，求出不同尺度下的脊边缘中心点图像。然后对不同尺度下的脊边缘中心点图像进行像素级融合。融合规则为：$S = S_{\sigma 1} \bigcup S_{\sigma 2} \bigcup \cdots \bigcup S_{\sigma i}$，其中 S 为融合后的图像，$S_{\sigma i}$ 为尺度 σ_i 下的脊边缘中心点图像。

图像处理结果如图 5.17 所示。

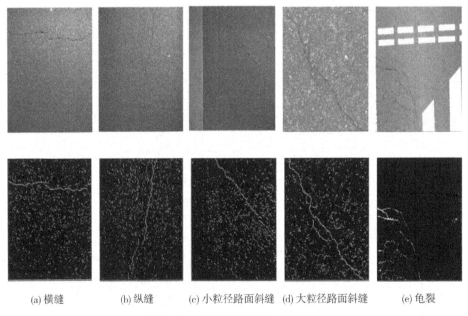

　　　(a) 横缝　　　　　(b) 纵缝　　　(c) 小粒径路面斜缝　(d) 大粒径路面斜缝　　(e) 龟裂

图 5.17　多尺度脊边缘融合效果图

由于多尺度脊边缘检测融合了各个尺度下检测出来的裂缝，因此它的连续性比较好，检测的裂缝完整性也比较好，但由于多尺度检测出来的是脊边缘中心点，所以融合后图像中的噪声区域较多，因此必须采用其他的手段去除这些噪声。

5.4 基于 D-S 证据理论和多特征的路面裂缝融合检测

1. 融合流程

基于多特征融合的路面裂缝检测算法融合规则如图 5.18 所示。

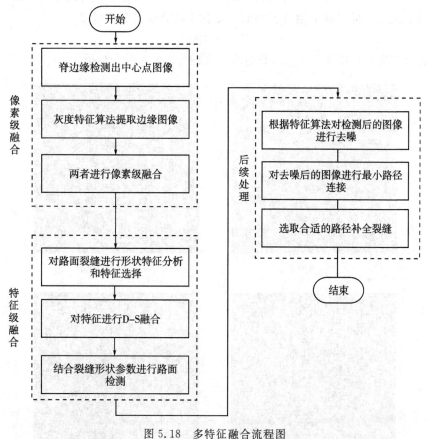

图 5.18 多特征融合流程图

为了获取更好的裂缝检测效果，采用如图 5.18 所示的融合流程对路面裂缝图像进行多特征融合：

（1）充分利用灰度特征图像和脊边缘特征图像各自的优点，对两者进行像素级融合，尽量提高裂缝检测目标的连续性。

（2）采用 D-S 证据理论对裂缝形状参数进行融合，去除背景斑点噪声。

（3）根据裂缝的宏观线性特征，对 D-S 融合后的裂缝图像进行连接处理，使裂缝目标的连续性更好。

2. 灰度特征图像与脊边缘特征图像的像素级融合

　　基于灰度特征检测出来的裂缝比较饱满，它能把裂缝中心点周边的裂缝区域都保留下来，但是它检测出来的裂缝连续性较差，而脊边缘检测出来的裂缝，其连续性比较好，但是检测出来的是脊边缘的中心位置，检测出的裂缝目标宽度要明显小于实际裂缝宽度。因此结合两者的优点，根据式(5.13)对两者按或运算进行像素级融合，可以得到如图 5.19 所示的融合效果，从图中可以看出融合后的效果要优于融合前的分割效果。

$$F = A \oplus B \tag{5.13}$$

式中，A 表示灰度特征图像，B 表示脊边缘特征图像，F 为融合结果。

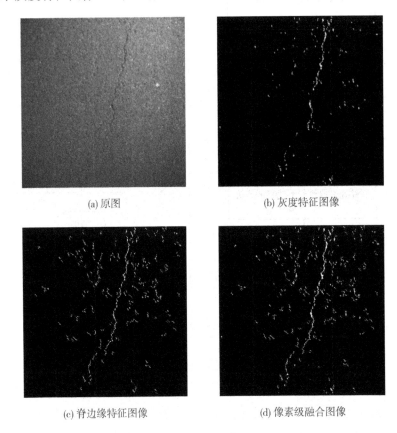

(a) 原图　　　　　　　　　　　　　　(b) 灰度特征图像

(c) 脊边缘特征图像　　　　　　　　　　(d) 像素级融合图像

图 5.19　灰度特征与脊边缘像素级融合

3. 路面裂缝形状特征分析与特征选择

　　从图 5.19 可以看出，通过灰度特征和脊边缘特征融合后，裂缝子块图像均被识别出来，但是少量非裂缝图像子块也同样被保留下来，这是因为部分背景区域图像子块中存在较多的低灰度像素和较短的脊边缘，这些噪声目标符合灰度特征与脊边缘检测融合规则，因此被误识别为目标。但是裂缝子块图像与非裂缝子块图像二者在形状特征上存在着较大区别，其中裂缝子块二值化图像中的连通域呈线状，连续性较好，面积大，分布较为集中；而非裂缝子块二值化图像中的连通域呈圆饼形，连续性差，面积小，分布较为分散，因此选用形状特征和 D-S 证据理论融合方法对二者进行分类。

1) 裂缝子块图像形状特征分析

形状分析在图像特征抽取和识别中有着广泛的应用，目前已有多种方法[149-151]，常用的有六种：① 傅立叶描述符；② 轮廓描述方法；③ 边界矩和骨架的计算方法；④ 光学投影描述方法；⑤ 拓扑属性描述方法；⑥ 基于结构的表示方法。

这里根据裂缝子块的拓扑属性和投影性质选取了以下 6 个形状因子[152-153]，组成裂缝子块形状的特征向量 $X = \{n, d, \text{average}, \text{max}L, \rho, \theta\}$，通过 D-S 证据理论融合方法对裂缝子块进行识别。

粒子个数 n 指子块二值化图像中连通域的个数，反映了二值化后像素的聚集程度。含有裂缝的子块像素聚集性较好，因此粒子个数较少，而噪声子块则相反。

粒子分散度 d 指子块二值化图像中连通域的分散程度。将 64×64 二值化图像子块进行水平和垂直方向的投影，粒子个数除以水平或垂直投影中的最大值即为粒子分散度，即

$$d = \frac{n}{\max(\text{peak}_h, \text{peak}_v)}$$

当子块中不含有裂缝时，子块中的连通域分布较分散，投影曲线较平缓，不会产生明显峰值，因此粒子分散度较大，而含有裂缝的子块则相反。

连通域面积平均值 average 指子块二值化图像中连通域面积的平均值。该值反映了二值化后像素的分散程度。

最大粒子有效长度 maxL 指子块二值化图像中最大连通域的有效长度。该值根据第 4 章提出的算法进行计算，反映二值化子块图像中是否含有线状目标。

最大连通域长短轴比 ρ 指子块二值化图像中最大连通域的长轴值 L 与短轴值 l 之比。如图 5.20 所示，长轴指子块二值化图像中最大连通域的两个像素间最长欧氏距离，短轴指长轴的法线与最大连通域的割线长度。该比值反映了裂缝的线状特征。

最大连通域的圆形度 θ 指子块二值化图像中最大连通域的面积与最小外接圆的面积之比，$\theta = \frac{4S}{\pi L^2}$。该比值反映了裂缝的线状特征。如图 5.21 所示，S 指最大连通域的面积，L 指最大连通域的长轴。

图 5.20　长短轴比 ρ 的计
算示意图　　　图 5.21　圆形度 θ 计算示意图

表 5.4 统计了 30 幅子块图像(前 17 幅为裂缝子块图像,后 13 幅为非裂缝子块图像,部分放大图像如图 5.22 所示)的粒子个数 n、连通域分散度 d、连通域面积平均值 average、最大粒子有效长度 maxL、最大连通域长短轴比 ρ 和最大粒子的圆形度 θ。

表 5.4　部分图像子块的特征参数

图片号	连通域个数 n	连通域分散度 d	连通域面积平均值 average	最大连通域有效长度 maxL	最大连通域的长短轴比 ρ	最大连通域的圆形度 θ	有无裂缝
1	28	0.44	17.1071	378	0.188251	0.074001	有
2	22	0.34	20.0455	192	0.212836	0.170746	有
3	30	0.47	19.9333	339	0.207684	0.118194	有
4	23	0.37	11.5217	141	0.2205	0.15323	有
5	30	0.5	16.5	170	0.209147	0.137362	有
6	27	0.42	20.037	187	0.68983	0.253803	有
7	17	0.27	43.2941	330	0.319526	0.179194	有
8	16	0.25	52.9375	789	0.504861	0.129684	有
9	9	0.14	106.889	948	0.418868	0.164371	有
10	8	0.13	43.75	100	0.596533	0.465624	有
11	19	0.3	28.3158	483	0.203974	0.081564	有
12	9	0.14	40.8889	195	0.29336	0.154925	有
13	8	0.13	75.875	580	0.267992	0.075031	有
14	6	0.09	79.3333	466	0.179057	0.098323	有
15	11	0.23	15.4545	113	0.193952	0.145891	有
16	11	0.17	29.9091	265	0.103696	0.062406	有
17	11	0.17	25.0909	249	0.099682	0.055277	有

图片号	连通域个数 n	连通域分散度 d	连通域面积平均值 average	最大连通域有效长度 maxL	最大连通域的长短轴比 ρ	最大连通域的圆形度 θ	有无裂缝
18	39	0.67	8.61538	98	0.31701	0.249903	无
19	57	0.9	6.5614	51	0.916607	0.748046	无
20	41	0.95	3.4878	21	0.772363	0.602304	无
21	41	0.95	3.4878	21	0.772363	0.602304	无
22	33	0.57	9.63636	59	0.376415	0.251377	无
23	21	0.44	8.66667	28	0.41146	0.254101	无
24	21	0.4	9.19048	65	0.626119	0.555821	无
25	60	0.94	8.53333	114	0.257848	0.158355	无
26	32	0.86	2.8125	9	0.525829	0.209483	无
27	63	1	5.1746	33	0.385701	0.309356	无
28	41	0.87	3.02439	22	0.495461	0.295065	无
29	21	0.48	5.52381	26	0.262501	0.179396	无
30	30	0.54	9.7	51	0.229869	0.120171	无

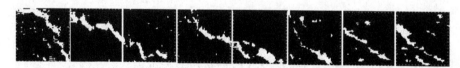

(a) 裂缝子块的放大图像

(b) 非裂缝子块的放大图像

图 5.22　裂缝和非裂缝子块的放大图像

从表中可以看出并得出以下结论：

（1）裂缝子块的粒子个数比非裂缝子块的粒子个数要小。

（2）裂缝子块的最大粒子有效长度比非裂缝子块的最大粒子有效长度大得多。

（3）裂缝子块的连通域面积平均值比非裂缝子块的连通域面积平均值大。

（4）裂缝子块的连通域分散度比非裂缝子块的连通域分散度小。

（5）裂缝子块的最大连通域的圆形度比非裂缝子块的最大连通域的圆形度小。

2）裂缝子块图像形状特征选择

为了有效利用形状特征对裂缝图像进行识别，这里选用线性鉴别分析（Linear Discriminant Analysis，LDA）对得到的特征进行选择。LDA 是一种重要的特征提取方法，广泛用于聚类分析和模式分类中，该方法基于类内散度最小类间散度最大准则，找出一个能够反映数据分布的最优鉴别向量，有利于数据模式的分类和分类器泛化能力的提高。

对于 m 个类的训练数据样本 $\{X_1, X_2, \cdots, X_m\}$，其中 $X_i = \{(\boldsymbol{x}_{ij}, y_i)\}_{j=1}^{n_i}$ 表示 c_i 的样本集合，$\boldsymbol{x}_{ij} \in \mathbf{R}^{d \times 1}$ 是 d 维列向量，y_i 是类标号，$i = 1, 2, \cdots, m$ 及 $j = 1, 2, \cdots, n_i$。设 n_i 为类 c_i 的样本数量，样本总体数量为 n，那么 $n = \sum\limits_{i=1}^{m} n_i$。令 $\bar{\boldsymbol{u}}_i$ 为类 c_i 的样本均值，$\bar{\boldsymbol{u}}$ 为总体样本的均值，即

$$\bar{\boldsymbol{u}}_i = \frac{1}{n} \sum_{j=1}^{n_i} \boldsymbol{x}_{ij}, \; i = 1, 2, \cdots, m$$

$$\bar{\boldsymbol{u}} = \frac{1}{n} \sum_{i=1}^{m} \sum_{j=1}^{n_i} \boldsymbol{x}_{ij}$$

则类内散度和类间散度矩阵可以定义为

$$\boldsymbol{S}_b = \frac{1}{m} \sum_{i=1}^{m} P_r(c_i)(\bar{\boldsymbol{u}} - \bar{\boldsymbol{u}}_i)(\bar{\boldsymbol{u}} - \bar{\boldsymbol{u}}_i)^{\mathrm{T}}$$

$$\boldsymbol{S}_w = \frac{1}{n} \sum_{i=1}^{m} \sum_{j=1}^{n_i} (\boldsymbol{x}_{ij} - \bar{\boldsymbol{u}}_i)(\boldsymbol{x}_{ij} - \bar{\boldsymbol{u}}_i)^{\mathrm{T}}$$

其中，$P_r(c_i)$ 是类 c_i 的先验概率，既可以把它们设定为 $P_r(c_i) = n_i/n$，也可以按照统计的方法确定类 c_i 在样本集合中出现的概率作为先验概率 $P_r(c_i)$。根据 LDA 思想，其特征提取准则为

$$J_S(\boldsymbol{w}) = \max_{\boldsymbol{w}} \frac{\boldsymbol{w}^{\mathrm{T}} \boldsymbol{S}_b \boldsymbol{w}}{\boldsymbol{w}^{\mathrm{T}} \boldsymbol{S}_w \boldsymbol{w}}$$

其中，$\boldsymbol{w}^{\mathrm{T}} \boldsymbol{S}_b \boldsymbol{w}$ 为类间散度，表示类间的距离；$\boldsymbol{w}^{\mathrm{T}} \boldsymbol{S}_w \boldsymbol{w}$ 为类内散度，表示同类样本的方差，其值越小，表示同类样本聚集程度越大；$\boldsymbol{w}$ 为鉴别向量，也称为特征变换向量。通过表 5.4 的数据可以得到如表 5.5 所示的 LDA 的特征提取准则数据结果。

表 5.5　基于 LDA 的特征提取准则的提取结果

特征 聚类特性	连通域 个数 n	连通域 分散度 d	连通域 面积平均值 average	最大连通域 有效长度 maxL	最大连通域 的长短轴比 ρ	最大连通域 的圆形度 θ
类间散度(S_b)	0.0105	0.022	0.0105	0.0115	0.0059	0.0059
类内散度(S_w)	0.0326	0.033	0.0289	0.0266	0.0273	0.0173
$J_s(w)$	0.322086	0.666667	0.363322	0.432331	0.216117	0.34104

通过以上分析提取连通域分散度 d、连通域面积平均值 average、最大连通域有效长度 maxL、最大连通域的圆形度 θ 作为提取特征。

4. 基于 D—S 证据理论和裂缝形状参数路面裂缝融合检测

1) D—S 证据理论概述

Dempster-Shafer 证据理论[116]由 A. P. Dempster 首先提出，并由 G. Shafer 在 1967 年推广并且形成证据理论，它比传统的概率论能更好地把握问题的未知性和不确定性。在 D—S 证据理论中，首先将待识别对象所有可能结果的集合所构成的空间定义为识别框架，记作 Θ，并把 Θ 中所有子集组成的集合记作 2^Θ。对于 2^Θ 中任何假设集合 A，有 $m(A) \in [0,1]$，并且

$$m(\varnothing) = 0 \tag{5.14}$$

$$\sum_{A \in 2^\Theta} m(A) = 1 \tag{5.15}$$

其中，$\varnothing$ 为空集，m 称为 2^Θ 上的概率分配函数（Basic Probability Assignment Function，BPAF），$m(A)$ 称为 A 的基本概率。

D—S 证据理论定义了信任函数 Bel 和似然函数 Pls 来表示问题的不确定性，即

$$\text{Bel}: 2^\Theta \longrightarrow [0,1], \ \text{Bel}(A) = \sum_{B \subseteq A} m(B) \tag{5.16}$$

$$\text{Pls}: 2^\Theta \longrightarrow [0,1], \ \text{Pls}(A) = \sum_{B \cap A \neq \Phi} m(B) \tag{5.17}$$

在有多证据存在的情况下，可以使用 Dempster 合成法则对多个 BPAF 进行合成，即

$$m(A) = K^{-1} \times \sum_{\cap A_i = A} \prod_{1 \leqslant i \leqslant n} m_i(A_i)$$

其中，$K = \sum_{\cap A_i \neq \Phi} \prod_{1 < i < n} m_i(A_i)$，$m_1, m_2, \cdots, m_n$ 为 n 个 BPAF。

2) 基于 D—S 证据理论的路面裂缝识别

D—S 证据理论对于数据融合具有较好的应用价值，各个特征阈值的选取与具体图像关联性较大，导致实际应用缺乏通用性。按照道路模型和 D—S 理论，构造辨识框架：$\Theta =$

$\{Y, N\}$，其中 Y 表示裂缝子块，N 表示非裂缝子块。设 T_d、T_a、T_m、T_θ 分别代表裂缝子块必须满足的最基本的几个阈值条件，分别为散度、连通域平均面积、最大连通域面积和圆形度。

（1）预处理。

设置阈值 T_m，当最大粒子有效长度（maxL）大于 T_m 时，直接将其划分为裂缝图像，这一操作可以在后续的处理过程中减少执行时间。T_m 的选取依据图像空间分辨率的高低和提取目标的大小而定（这里 $T_m \in (100, 1000)$）。

（2）获取基本概率分配函数。

裂缝图像的粒子分散度比非裂缝图像的粒子分散度小，那么，粒子分散度越大，越接近于非裂缝图像。因此，粒子分散度 d 的概率分配函数为

$$if \ (d > T_d)$$
$$m_1(Y) = T_d/d \times (1 - \alpha_1)$$
$$m_1(N) = (1 - T_d/d) \times (1 - \alpha_1)$$
$$m_1(Y, N) = \alpha_1 \qquad\qquad (5.18)$$
$$else$$
$$m_1(Y) = 0.9; m_1(Y) = 0.1, m_1(Y, N) = 0$$

裂缝图像的连通域面积平均值比非裂缝图像的连通域面积平均值大，平均面积越大，越接近于裂缝图像。因此，连通域平均面积 average 的概率分配函数为

$$if \ (average > T_a):$$
$$m_2(Y) = (1 - T_a/average) \times (1 - \alpha_2)$$
$$m_2(N) = T_a/average \times (1 - \alpha_2)$$
$$m_2(Y, N) = \alpha_2 \qquad\qquad (5.19)$$
$$else$$
$$m_2(Y) = 0.1, m_2(N) = 0.9, m_2(Y, N) = 0$$

裂缝图像的最大连通域的圆形度比非裂缝图像的最大连通域的圆形度小，最大连通域的圆形度越小，越接近于裂缝图像。因此，最大连通域的圆形度 θ 的概率分配函数为

$$if \ (\theta < T_\theta)$$
$$m_3(Y) = (1 - \theta) \times (1 - \alpha_3)$$
$$m_3(N) = \theta \times (1 - \alpha_3)$$
$$m_3(Y, N) = \alpha_3 \qquad\qquad (5.20)$$
$$else$$
$$m_3(Y) = 0.1, m_3(N) = 0.9, m_3(Y, N) = 0$$

其中，α_1、α_2、α_3 为特征权重输入参数。对于 1 mm 分辨率路面图像，我们设定各个特征阈值为

$$T_d=0.25, \ T_a=8, \ T_\theta=0.3(单位：pixel)$$
$$\alpha_1=0.6, \ \alpha_2=0.35, \ \alpha_3=0.5$$

在求出了粒子分散度 d 的概率分配函数 m_1、连通域平均面积 average 的概率分配函数 m_2、最大连通域的圆形度 θ 的概率分配函数 m_3 后，使用 Dempster 合成法则对 3 个 BPAF 进行合成，上述实例计算过程如下：

$$
\begin{aligned}
K &= \sum_{E\cap F\cap G\neq\varnothing} m_1(E)\times m_2(F)\times m_3(G)\\
&= m_1(Y)\times m_2(Y)\times m_3(Y)+m_1(Y)\times m_2(Y)\times m_3(Y,N)\\
&\quad +m_1(Y)\times m_2(Y,N)\times m_3(Y)+m_1(Y)\times m_2(Y,N)\times m_3(Y,N)\\
&\quad +m_1(Y,N)\times m_2(Y)\times m_3(Y)+m_1(Y,N)\times m_2(Y)\times m_3(Y,N)\\
&\quad +m_1(Y,N)\times m_2(Y,N)\times m_3(Y)+m_1(Y,N)\times m_2(Y,N)\times m_3(Y,N)\\
&\quad +m_1(N)\times m_2(N)\times m_3(N)+m_1(N)\times m_2(N)\times m_3(Y,N)\\
&\quad +m_1(N)\times m_2(Y,N)\times m_3(N)+m_1(N)\times m_2(Y,N)\times m_3(Y,N)\\
&\quad +m_1(Y,N)\times m_2(N)\times m_3(N)+m_1(Y,N)\times m_2(N)\times m_3(Y,N)\\
&\quad +m_1(Y,N)\times m_2(Y,N)\times m_3(N)
\end{aligned}
\tag{5.21}
$$

$$
\begin{aligned}
m(Y) &= K^{-1}\times \sum_{E\cap F\cap G=Y} m_1(E)\times m_2(F)\times m_3(G)\\
&= K^{-1}\times (m_1(Y)\times m_2(Y)\times m_3(Y)+m_1(Y)\times m_2(Y)\times m_3(Y,N)\\
&\quad +m_1(Y)\times m_2(Y,N)\times m_3(Y)+m_1(Y)\times m_2(Y,N)\times m_3(Y,N)\\
&\quad +m_1(Y,N)\times m_2(Y)\times m_3(Y)+m_1(Y,N)\times m_2(Y)\times m_3(Y,N)\\
&\quad +m_1(Y,N)\times m_2(Y,N)\times m_3(Y))
\end{aligned}
\tag{5.22}
$$

$$
\begin{aligned}
m(N) &= K^{-1}\times \sum_{E\cap F\cap G=N} m_1(E)\times m_2(F)\times m_3(G)\\
&= K^{-1}\times (m_1(N)\times m_2(N)\times m_3(N)+m_1(N)\times m_2(N)\times m_3(Y,N)\\
&\quad +m_1(N)\times m_2(Y,N)\times m_3(N)+m_1(N)\times m_2(Y,N)\times m_3(Y,N)\\
&\quad +m_1(Y,N)\times m_2(N)\times m_3(N)+m_1(Y,N)\times m_2(N)\times m_3(Y,N)\\
&\quad +m_1(Y,N)\times m_2(Y,N)\times m_3(N))
\end{aligned}
$$

$$
\begin{aligned}
m(Y,N) &= K^{-1}\times \sum_{E\cap F\cap G=Y,N} m_1(E)\times m_2(F)\times m_3(G)\\
&= K^{-1}\times (m_1(Y,N)\times m_2(Y,N)\times m_3(Y,N))
\end{aligned}
\tag{5.23}
$$

本算法先根据最大连通域的有效长度将图像子块过滤(过滤阈值范围为 100～1000),然后对粒子分散度、连通域平均面积和圆形度等特征进行融合,根据最终的融合结论将所有图像子块区分出来,融合结果如表 5.6 所示。从结果可以看出,多特征融合后的数据分布的集中程度要明显优于单特征的集中程度,可以有效用于裂缝子块和非裂缝子块的区分。表 5.6 中 D-S 融合结果与表 5.4 中的实际情况吻合。

表 5.6 基于 D-S 证据理论的融合结果

序号	连通域分散度 d			连通域平均面积 average			最大连通域的圆形度 θ			融合后			融合
	$m_1(Y)$	$m_1(N)$	$m_1(Y,N)$	$m_2(Y)$	$m_2(N)$	$m_2(Y,N)$	$m_3(Y)$	$m_3(N)$	$m_3(Y,N)$	$m(Y)$	$m(N)$	$m(Y,N)$	
1	0.2273	0.1727	0.6000	0.3460	0.3040	0.3500	0.4630	0.0370	0.5000	0.6236	0.2308	0.1457	有
2	0.2941	0.1059	0.6000	0.3906	0.2594	0.3500	0.4146	0.0854	0.5000	0.6653	0.1951	0.1395	有
3	0.2128	0.1872	0.6000	0.3891	0.2609	0.3500	0.4409	0.0591	0.5000	0.6312	0.2248	0.1440	有
4	0.2703	0.1297	0.6000	0.1987	0.4513	0.3500	0.4234	0.0766	0.5000	0.4991	0.3449	0.1560	有
5	0.2000	0.2000	0.6000	0.3348	0.3152	0.3500	0.4313	0.0687	0.5000	0.5725	0.2792	0.1483	有
6	0.2381	0.1619	0.6000	0.3905	0.2595	0.3500	0.3731	0.1269	0.5000	0.6001	0.2557	0.1442	有
7	0.3704	0.0296	0.6000	0.5299	0.1201	0.3500	0.4104	0.0896	0.5000	0.7939	0.0821	0.1240	有
8	0.9000	0.1000	0.0000	0.5518	0.0982	0.3500	0.4352	0.0648	0.5000	0.9677	0.0323	0.0000	有
9	0.9000	0.1000	0.0000	0.6014	0.0486	0.3500	0.4178	0.0822	0.5000	0.9713	0.0287	0.0000	有
10	0.9000	0.1000	0.0000	0.5311	0.1189	0.3500	0.1000	0.9000	0.0000	0.6527	0.3473	0.0000	有
11	0.3333	0.0667	0.6000	0.4664	0.1836	0.3500	0.4592	0.0408	0.5000	0.7649	0.1068	0.1283	有
12	0.9000	0.1000	0.0000	0.5228	0.1272	0.3500	0.4225	0.0775	0.5000	0.9634	0.0366	0.0000	有
13	0.9000	0.1000	0.0000	0.5815	0.0685	0.3500	0.4625	0.0375	0.5000	0.9729	0.0271	0.0000	有
14	0.9000	0.1000	0.0000	0.5845	0.0655	0.3500	0.4508	0.0492	0.5000	0.9723	0.0277	0.0000	有
15	0.9000	0.1000	0.0000	0.3135	0.3365	0.3500	0.4271	0.0729	0.5000	0.9337	0.0663	0.0000	有
16	0.9000	0.1000	0.0000	0.4761	0.1739	0.3500	0.4688	0.0312	0.5000	0.9628	0.0372	0.0000	有
17	0.9000	0.1000	0.0000	0.4428	0.2072	0.3500	0.4724	0.0276	0.5000	0.9593	0.0407	0.0000	有
18	0.1496	0.2507	0.6000	0.0464	0.6036	0.3500	0.3750	0.1250	0.5000	0.2340	0.6073	0.1586	无
19	0.1111	0.2889	0.6000	0.1000	0.9000	0.0000	0.1000	0.9000	0.0000	0.0098	0.9902	0.0000	无
20	0.1053	0.2947	0.6000	0.1000	0.9000	0.0000	0.1000	0.9000	0.0000	0.0096	0.9904	0.0000	无

续表

序号	连通域分散度 d			连通域平均面积 average			最大连通域的圆形度 θ			融合后			融合
21	0.1053	0.2947	0.6000	0.1000	0.9000	0.0000	0.1000	0.9000	0.0000	0.0096	0.9904	0.0000	无
22	0.1754	0.2246	0.6000	0.1104	0.5396	0.3500	0.3743	0.1257	0.5000	0.3110	0.5314	0.1576	无
23	0.2273	0.1727	0.6000	0.0500	0.6000	0.3500	0.3729	0.1271	0.5000	0.2854	0.5516	0.1630	无
24	0.2500	0.1500	0.6000	0.0842	0.5658	0.3500	0.1000	0.9000	0.0000	0.0563	0.9437	0.0000	无
25	0.1064	0.2936	0.6000	0.0406	0.6094	0.3500	0.4208	0.0792	0.5000	0.2309	0.6065	0.1626	无
26	0.1163	0.2837	0.6000	0.1000	0.9000	0.0000	0.3953	0.1047	0.5000	0.1176	0.8824	0.0000	无
27	0.1000	0.3000	0.6000	0.1000	0.9000	0.0000	0.1000	0.9000	0.0000	0.0095	0.9905	0.0000	无
28	0.1149	0.2851	0.6000	0.1000	0.9000	0.0000	0.3525	0.1475	0.5000	0.1057	0.8943	0.0000	无
29	0.2083	0.1917	0.6000	0.1000	0.9000	0.0000	0.4103	0.0897	0.5000	0.1490	0.8510	0.0000	无
30	0.1852	0.2148	0.6000	0.1139	0.5361	0.3500	0.4399	0.0601	0.5000	0.3699	0.4665	0.1636	无

采用该方法对图 5.19(d) 中的图像进行 D-S 形状特征融合得到如图 5.23 所示的图像。

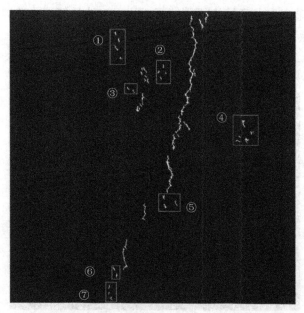

图 5.23　D-S 融合检测结果图

5. 基于裂缝宏观线性特征的后续处理

文献[66]指出：由于路面材料的颗粒特性，路面图像背景具有较强的颗粒纹理特征，在裂缝目标识别时表现为斑点噪声。路面裂缝作为一种线性目标，在路面图像中表现为：

(1) 斑点噪声强，裂缝目标信噪比低。

(2) 裂缝与背景之间亮度、对比度低。

(3) 裂缝目标像素的空间连续性差。当裂缝不连续、缝壁脱落积灰、拍摄时光线强度和方向不能使裂缝形成阴影时，裂缝只在宏观上呈现为线状目标。采用局部方法只能得到裂缝分割的零碎片段，很难获得期望的结果，因此可以利用裂缝宏观线性特征来进行后续处理。

1) "野点"的删除

如图 5.23 所示，经过融合后的二值图像中仍存在少量误识别的线状目标，这些子块俗称"野点"。产生"野点"的主要原因是由于某些噪声目标在小尺度下与裂缝子块相似，而被检测为裂缝目标，可通过以下几个特征将其剔除：

(1) 裂缝具有一定的长度和面积。

(2) 相邻裂缝的方向具有一致性。

(3) 裂缝在宏观上是连续的。

如图 5.23 中①②③⑤⑥区域的"野点"可以根据连续性算法去除，④⑦区域的"野点"可以根据线性度去除。"野点"去除后的效果图如图 5.24 所示。

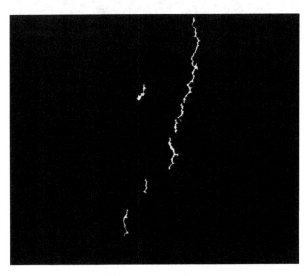

图 5.24 "野点"去除后的效果图

2）裂缝的连接

本章提出的基于 D - S 证据理论和多特征融合的路面裂缝检测算法只利用了裂缝的局部线状特征，因此对于对比度较弱的裂缝容易出现漏检。文献[66]提出了一种基于最小代价路径搜索的路面裂缝检测方法，首先通过对裂缝面元的处理，获取潜在的裂缝种子点，然后运用基于最小代价路径搜索的算法，实现裂缝种子点的生长和连接，并最终提取裂缝。

下面对文献[66]提出的算法进行简化和改进，算法流程图如图 5.25 所示。首先通过细化方法检测出裂缝线段的端点，然后通过最小生成树连接这些端点，再根据裂缝的位置和方向删除伪连接，最后通过邻域二值化方法补全连线处的裂缝。如图 5.26 所示为最短路径连接图，图 5.27 所示为补全后的裂缝。

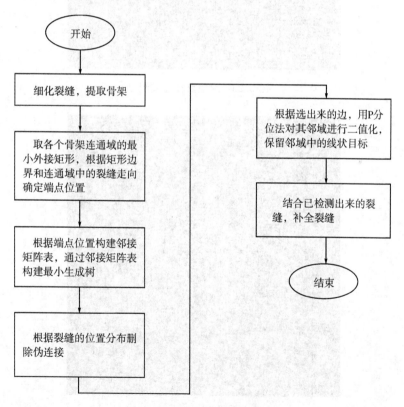

图 5.25   最短路径连接流程图

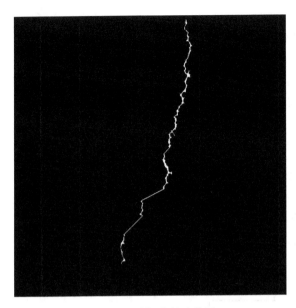

图 5.26　最短路径连接图

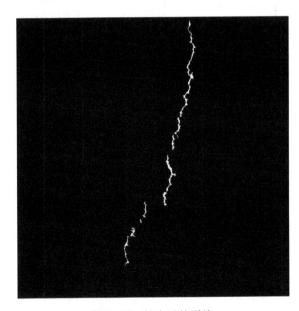

图 5.27　补全后的裂缝

本算法与文献给出的算法的不同之处在于，为了防止误连接或者过度连接，这里对强制连接的线段采用其所在区域的灰度特征进行检验，具体算法为：

(1) 计算线段的邻域范围, 其定义为到这条线段上的像素距离小于一个门限 L 的区域 (如图 5.28 所示)。

(2) 采用 P 分位法对邻域内的像素进行二值化。

(3) 检查二值化图像中是否存在长度大于 M 的线状目标。

(4) 有则保留区域内的线状目标, 否则不保留。

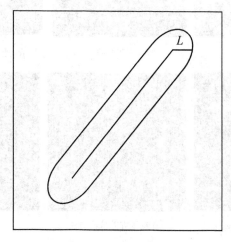

图 5.28 线段的邻域图

5.5 算法性能评估及经典算法对比分析

为了有效评估裂缝检测的效果, 这里采用文献[67]中的一种基于缓冲的 Hausdorff 距离的分值测量方法。

其目标函数为

$$\text{ScoringMeasure} = 100 - \frac{\text{BH}(A, B)}{L} \times 100 \tag{5.24}$$

其中: A 为 Ground Truth 图像; B 表示待评价的分割图像; $\text{BH}(A, B)$ 为 Hausdorff 距离, 表示 A、B 之间的差异程度, $\text{BH}(A, B)$ 为 0 表示 A 与 B 完全重叠, 此时的分割算法得分为 100, $\text{BH}(A, B)$ 较大时 (即 A 与 B 差异较大) 得分较小; L 为图像 A 的邻域范围的门限, 取 1/5 的图像宽度, 该值限制对比的区域, 有助于降低运算量。

这里挑选了横缝、纵缝、小粒径路面斜缝、龟裂、大粒径路面斜缝等 5 幅具有代表性的沥青路面破损图像进行算法测试, 四种算法识别后的结果分别如图 5.29～图 5.33 所示。

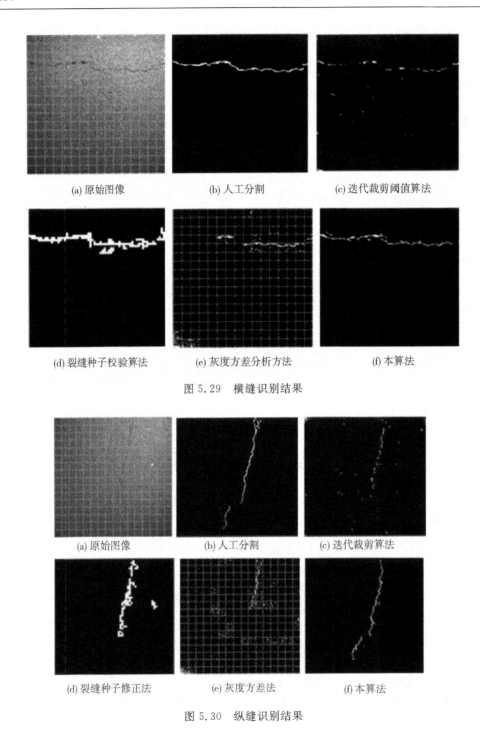

(a) 原始图像   (b) 人工分割   (c) 迭代裁剪阈值算法

(d) 裂缝种子校验算法   (e) 灰度方差分析方法   (f) 本算法

图 5.29 横缝识别结果

(a) 原始图像   (b) 人工分割   (c) 迭代裁剪算法

(d) 裂缝种子修正法   (e) 灰度方差法   (f) 本算法

图 5.30 纵缝识别结果

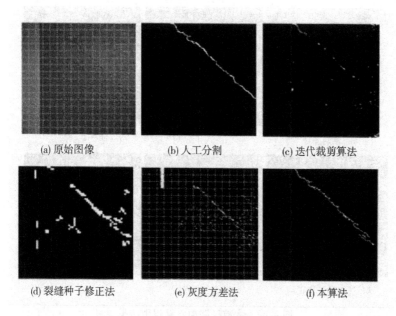

图 5.31　小粒径路面斜缝识别结果

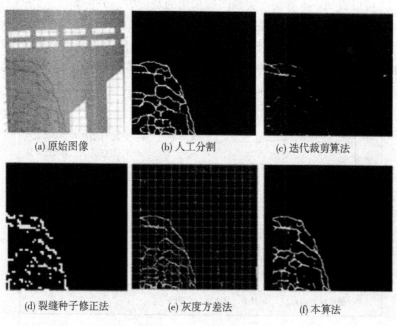

图 5.32　龟裂识别结果

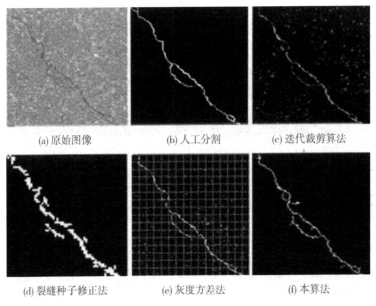

(a) 原始图像　　　　　　(b) 人工分割　　　　　　(c) 迭代裁剪算法

(d) 裂缝种子修正法　　　　(e) 灰度方差法　　　　　(f) 本算法

图 5.33　大粒径路面斜缝识别结果

从图 5.34 可以看出，本算法与文献[51]采用的灰度方差分析算法、文献[11]采用的裂缝种子点校验算法、文献[35]采用的迭代裁剪阈值算法等相比具有明显优势。表 5.7 给出了本算法与三种经典算法的性能对比，从结果看出，本算法的分割结果要优于其他三种算法，性能的排序为：本算法、裂缝种子校验算法、灰度方差分析算法、迭代裁剪阈值算法。

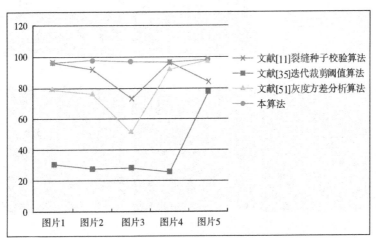

图 5.34　四种算法分割性能对比图

5.6　路面裂缝几何参数自动测量算法

在计算裂缝图像破损指数时，裂缝的长度和宽度直接决定了裂缝图像破损的严重程度和破损面积的换算，由于人工测量方法效率低，而且很难保证测量结果的重复性和可观性，因此本节开发出了一种路面裂缝几何参数自动测量算法。

1. 裂缝长度测量

在裂缝的二值图像中，裂缝用白色像素点进行标记，因此采用 32×32 的网格标记法来求图像中的裂缝长度。首先分别统计出每个网格中白色像素点的个数 m_i，给定阈值 TH，如果 m_i 大于等于阈值 TH，则认为该网格区域为裂缝区域，否则认为该网格区域无效，然后统计出 32×32 的网格区域中属于裂缝区域的数目 n，n 与网格区域长度相乘即得到裂缝长度 L，处理结果如图 5.35 所示。

$$m_i = \begin{cases} 0, & n < \text{TH} \\ 1, & n \geqslant \text{TH} \end{cases} \tag{5.25}$$

$$L = \sum_{i=1}^{n} m_i \times 32 \tag{5.26}$$

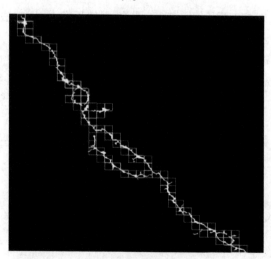

图 5.35　基于子块统计的裂缝长度

2. 裂缝宽度测量

由于图像中每一个像素点都存在其对应的法线，为了计算出裂缝宽度，本小节通过计算图像中每个像素点与其八邻域像素点的相对位置分布来确定该像素点的法线位置。

1）法线方向的计算

　　首先提取出裂缝骨架，然后通过裂缝骨架中每一个像素点所在的八连通区域与预先设计的方向模板进行匹配，计算出该点的法线方向。裂缝法线跟踪结果如图 5.36 所示。

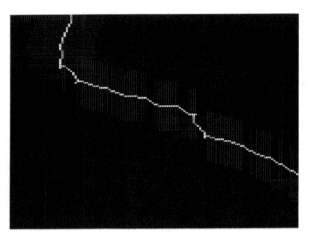

图 5.36　裂缝法线跟踪结果

2）宽度的计算

　　取一定长度的法线对应到原始图像中，获得原始图像中对应法线位置上的像素灰度值，统计灰度值的分布函数，以确定该点的裂缝宽度。由于裂缝属于脊边缘，所以获取的线段一维模型如图 5.37(a)所示。通过分析可得，以脊边缘中心点为中心的邻域所占有的面积占整个屋脊面积的 80% 时，将所选择的宽度作为裂缝的最适宽度，如图 5.37(b)所示。通过计算出裂缝每个像素点的宽度 W_i，统计出所有宽度的最大值 W，将其作为整个裂缝的宽

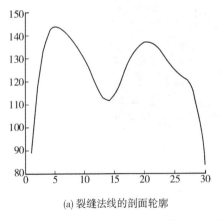

(a) 裂缝法线的剖面轮廓

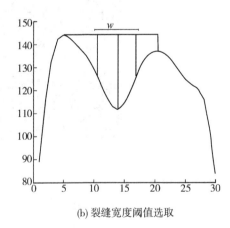

(b) 裂缝宽度阈值选取

图 5.37　裂缝宽度检测图

度值。

$$W = \max W_i, \, i = 1, \, 2, \, \cdots, \, n \tag{5.27}$$

本 章 小 结

　　本章通过分析路面裂缝图像的灰度、边缘、形状特征，提出了一种基于 D−S 证据理论和多特征融合的路面裂缝检测算法。该算法采用直方图估计算法估计裂缝图像中每一个子块图像中的最优阈值，并对其进行分割得到灰度特征图像，然后采用多尺度脊边缘融合算法获得裂缝图像的边缘特征图像，并采用或运算方式对二者进行像素级融合，进而采用 D−S 证据理论和形状特征对融合后图像的斑点噪声进行去除，并采用改进的连接算法实现裂缝目标的后续处理。本章还根据 Hausdorff 距离对算法性能进行了评价，实验结果表明：与经典的三种算法相比，本章提出的算法分割效果最好。最后本章还介绍了裂缝几何参数的计算方法。

第 6 章　路面破损图像自动检测系统集成及软件开发

6.1　路面破损图像自动检测系统集成

1. 系统总体结构及工作原理

本书所研究的路面破损图像自动检测系统(简称系统)的总体结构如图 6.1 所示,这些设备安装在一辆信息采集车上,环境图像采集主机作为主控计算机控制整个采集过程,该主机与路面图像采集主机通过百兆以太网连接,形成一套集成化的车载系统,实现公路环境和路面图像的采集与管理。图像数据采集完成后,将数据导出给交通管理部门的信息处理中心,以便集中分析、处理和归档保存。

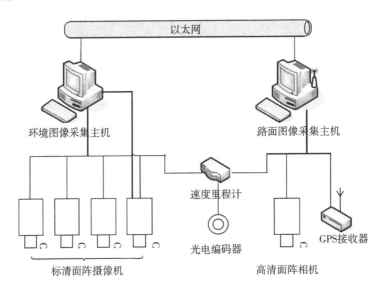

图 6.1　系统总体结构图

系统的硬件安装布置如图 6.2 所示。安装在车顶前方的四路面阵标清摄像机用来拍摄道路前方和两侧的环境信息,采集的环境图像如图 6.3 所示,从中可获取里程碑交通标志牌、警示牌、路灯和广告牌等路产信息。

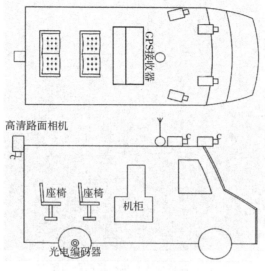

图 6.2　硬件安装布置图

图 6.3　四路面阵标清摄相机拍摄的道路环境

　　安装在车顶后方的一部高清面阵相机,其光轴线垂直于道路路面,实现对路面图像的采集,采集到的破损图像如图 6.4 所示。

图 6.4　高清面阵相机拍摄的路面图像

速度里程计由高精度光电编码器、嵌入式计算机和外围电路组成，编码器安装在车轮轴上，车辆在运动过程中，编码器输出标准的 TTL 脉冲，安装在车辆内部的嵌入式计算机根据 TTL 脉冲实时测量车辆的速度和里程信息，并为环境图像采集相机和路面图像采集相机提供基于同步采集的触发信号，以保证二者的同步。

安装在车辆顶端的 GPS 信号接收机负责接收 GPS 卫星定位信号，然后通过串口传送至路面视频主机，由路面图像采集主机负责 GPS 信号的解码和存储，同时 GPS 信息也被发送到环境图像采集主机并在电子地图上动态显示采集车的行车路线。利用 GPS 接收机和里程计采集的与道路影像相对应的地理位置数据，可以对里程信息进行校正，并把道路影像与电子地图有机结合起来提供更全面的信息。

开发完成的路面破损图像自动采集系统实物如图 6.5 所示。

(a) 整车侧视图

(b) 整车后视图

(c) 局部前视图　　　　　　　　(d) 路面图像与环境图像采集计算机

图 6.5　自动采集系统实物

2. 系统总体功能需求分析

本系统软件分为道路影像与地理信息采集、路面破损图像分析、路产图像分析以及基于 GIS 的道路影像综合信息数据库管理四个模块，其软件功能结构如图 6.6 所示。

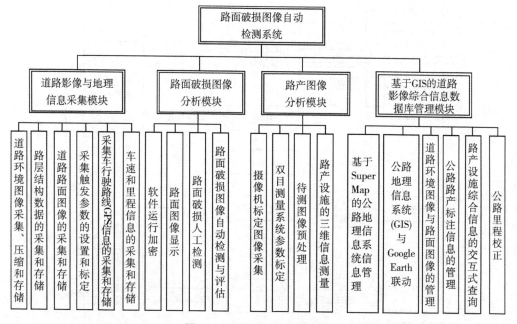

图 6.6　系统总体功能模块图

（1）道路影像与地理信息采集模块的主要功能包括：道路环境图像的采集、压缩和存储，路层结构数据的采集和存储，道路路面图像的采集和存储，采集触发参数的设置和标定，采集车行驶路线 GPS 信息的采集和存储，车速和里程信息的采集和存储。

（2）路面破损图像分析模块的主要功能包括：软件运行加密，路面图像显示，路面破损人工检测，路面破损图像自动检测和评估等模块。

（3）路产图像分析模块的主要功能包括：摄像机标定图像采集；双目测量系统参数标定，待测图像预处理，路产设施的三维信息测量。

（4）基于 GIS 的道路影像综合信息数据库管理模块的主要功能包括：基于 SuperMap 的公路地理信息系统（GIS）信息管理，公路地理信息系统（GIS）与 Google Earth 的联动，道路环境图像和路面图像信息的管理，公路路产标注信息的管理，路产设施综合信息的交互式查询，公路里程的校正。

基于这些软件模块，本系统能够采集、存储、处理和重构公路沿线的信息，并能对这些信息进行综合管理和分析，为智能化公路信息管理平台的构建奠定了基础。

本文算法仅涉及路面破损图像分析模块的部分内容。

3. 系统硬件集成与设备选型

本系统的硬件主要包括电源系统、面阵摄像机、线阵相机、图像采集卡、GPS 接收机、速度里程计、GPR 探地雷达和工控计算机，其硬件结构如图 6.7 所示。

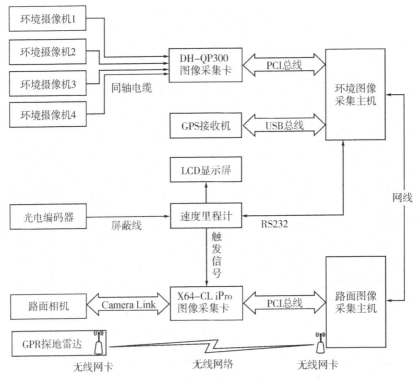

图 6.7　系统硬件结构框图

各部分硬件介绍如下。

（1）电源系统，包括大容量蓄电池、UPS 电源和直流交流逆变器。

（2）松下 WV‐CZ352 面阵摄像机共四部，该摄像机的成像器件为 752（水平）×582（垂直）像素；成像器件面积为 3.65（水平）mm×2.71（垂直）mm，1/4 英寸；水平扫描频率为15.625 kHz；垂直扫描频率为50.00 Hz。

（3）DALSA PIRANHA2 高清相机一部，该相机的分辨率为 6144 像素；数据速率为4×40 MHz；线速率为 24.4 kHz；像元大小为 7 μm；成像器件输出通道为 4 通道；接口为Camera Link。

选配的镜头为适马 20 mm F1.8 EX DG ASPERIC RF，该镜头的最近对焦距离为20 cm；焦距范围为 20 mm；放大倍率为 1∶4；滤镜口径为 82 mm；视角范围为 94.5°。

（4）图像采集卡包括大恒 DH-QP300 图像采集卡和 DALSA Coreco X64‐CL iPro 图像采集卡。

（5）大恒 DH-QP300 图像采集卡支持四路 PAL 或 NTSC 复合视频信号同时输入，同屏显示；图像分辨率最大值为 PAL：768×576×24 bit；NTSC：640×480×24 bit；支持可编程亮度、对比度、色调、饱和度。

（6）DALSA Coreco X64-CL iPro 图像采集卡像素格式/线的基本配置为 3×8 bit、2×10 bit、2×12 bit、1×14 bit、1×16 bit、1×24 bit RGB；高级配置为 4×8 bit、4×10 bit、4×12 bit、1×30 bit RGB，1×36 bit RGB；像素时钟频率高达 85 MHz；扫描方式为渐进式、多线式、多通道式、四分式、逆序式；具有两个 Camera Link 接口。

（7）GPS 接收机包括 GPS 接收天线和 GPS 模块，用来接收经纬度信息。

（8）速度里程计包括光电编码器和脉冲信号处理电路，用来采集车辆行驶的速度和里程，并根据所设置的采集参数产生脉冲信号触发线阵相机进行图像采集，同时也为面阵摄像机提供同步采集信号。

图 6.8 为速度里程计框图，光电编码器安装在车轮上，随着车轮的转动输出脉冲，速度里程计内部的 CPLD 脉冲计数器对脉冲个数进行计数，ARM 处理器（LM3S8962）可以控制计数器和处理脉冲数据，计算出车速和里程，并在 LCD 显示屏上显示。此外，车速信息也通过串口被发送给计算机并由采集软件存储和显示。

（9）无线 GPR 探地雷达主要包括发射部分、接收部分和数据采集控制器。探地雷达通过发射天线向路面发射高频电磁脉冲波，然后通过分析反射回波可以获得道路路面以下各层次结构的信息，从而便于对路面地下部分的结构及缺陷（如地下空洞、塌陷、断层等）进行分析。

（10）高性能工控计算机两台（研华 ACP-4360：双 CPU，双核，主频 2.4 GHz，硬盘250 G）。

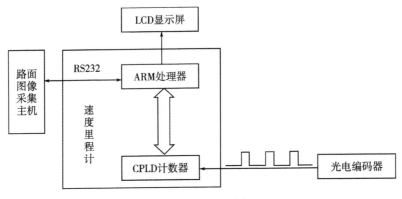

图 6.8　速度里程计框图

6.2　路面破损自动识别软件开发

1. 软件功能结构

本文开发的软件实现了路面破损图像的自动分类、识别与评价。路面破损自动识别软件工作的主要流程为：首先去除路面图像白线标记，然后进行路面图像初始分类，路面图像初步分为完好路面、松散类破损、裂纹类破损和补丁类破损；其次对破损目标进行提取，然后对破损目标的几何参数进行测量；最终实现路面破损程度评估。该系统由 4 个主要部分组成：软件运行加密模块、路面图片显示模块、人工检测模块、自动检测模块。

路面破损自动识别软件的整体结构如图 6.9 所示。

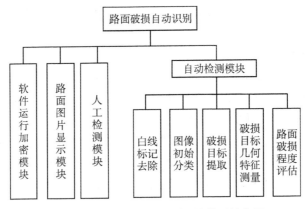

图 6.9　路面破损自动识别系统体系结构图

2. 软件功能实现

1）开发平台选择

路面破损自动识别软件采用 Visual C++6.0 和 OpenCV 机器视觉函数库进行开发。OpenCV 是 Intel 开源计算机视觉库，它由一系列 C 函数和少量 C++类构成，可实现图像处理和计算机视觉方面的很多通用算法，具有以下优点：

（1）其代码都经过优化，可用于实时处理图像；

（2）具有良好的可移植性；

（3）可以进行图像、视频的载入、保存和采集等常规操作；

（4）具有低级和高级的图像处理以及机器视觉应用程序接口（API）。

2）软件功能介绍

路面破损自动识别软件基于 MFC 的文档-视图框架结构，应用 OpenCV 机器视觉库函数进行图像处理，集成了对道路路面图像的读取、显示、人工分类、自动分类、破损评价等诸多功能，同时采用硬件 USB 加密锁对软件进行加密。

（1）路面图像显示功能。

软件启动后，用户选择存储路面图像的某个文件夹，软件将自动遍历该文件夹中的所有图像，并自动按照图片采集的时间顺序排序。软件可以同时显示 8 幅路面图像，也可以只显示单张图片，用户可以通过多种方式浏览需要处理的图像。

路面的图像显示如图 6.10 所示。

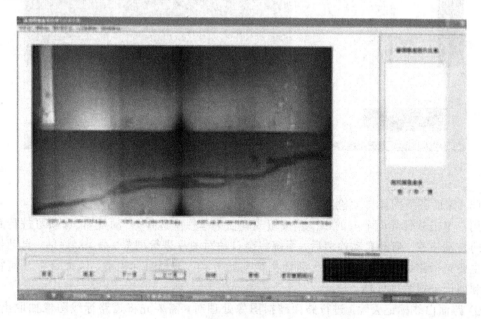

图 6.10　路面图像显示

（2）人工检测功能。

用户可以选择使用人工方式对路面图像进行破损分类。软件控制按钮区域分别有"首页"、"尾页"、"下一页"、"上一页"等 4 个按钮用于人工检测。"首页"、"尾页"按钮帮助用户快速定位浏览图片的开始位置和结束位置；"上一页"、"下一页"按钮对路面图像分组翻页；单击不同的滑块位置，快速切换到任意一组图片。浏览过程中，若发现当前浏览图像存在病害，可以通过鼠标左键双击病害图片所在的位置，将病害路面图像快捷添加到存储破损图片名称的列表框中。如果发现有误检，可以选中列表框中的误检图片名称，单击鼠标右键，选择清除选项，将误检图片从列表框中删除。

左键单击破损路面图像名称列表框中的图像名，图像显示界面将会切换到单幅图像显示模式，系统会自动标定出破损目标，用户可以详细查看图片的破损程度。

人工检测的示例如图 6.11 所示。

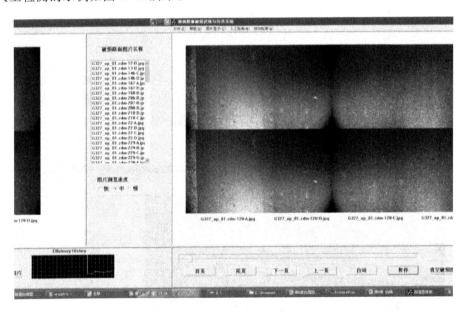

图 6.11　人工检测

（3）路面破损图像自动检测功能。

用户单击软件界面下方的"自动"按钮或者在菜单栏中选择"自动检测"选项可进行路面图像的自动检测。启动自动检测后，系统将会自动对图片进行浏览、分类、评估。自动检测功能主要包括路面白线标记去除、路面图像初始分类、破损目标提取、破损目标几何特征测量和路面破损程度评估。

① 路面白线标记去除。进行路面破损图像处理时，需要先将道路标线图像抽取出来，

将路面和标线中的破损目标分别分割出来区别对待，因此进行道路标线图像的精确分割非常关键，最后将精确分割出的白线去除，如图 6.12 所示。

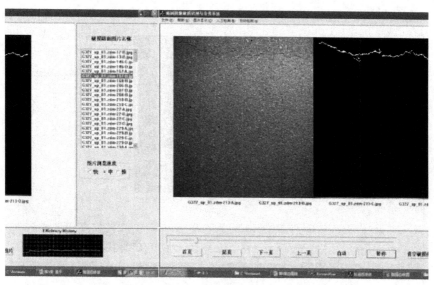

图 6.12　白线标记去除

　　② 路面图像初始分类。路面破损目标具有显著的形状特征，因此采用形状特征先对路面图像进行初始分类，提高病害的诊断效率，如图 6.13 所示。

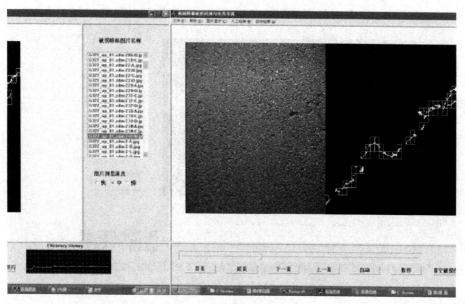

图 6.13　破损路面初始分类

③ 破损目标提取。对初始分类获得的路面破损图像进行进一步的精确处理，以获得完整的病害信息，如图 6.14 所示。

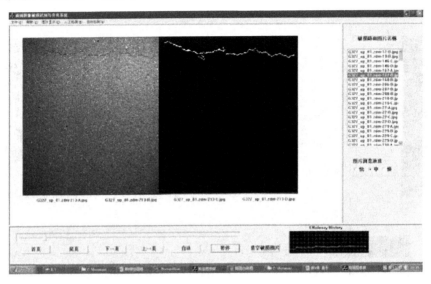

图 6.14　破损目标提取

④ 破损目标几何特征测量。破损目标几何特征主要指目标长度和宽度，通过对提取出来的破损目标进行长度和宽度测量，为破损程度评估提供依据，如图 6.15 所示。

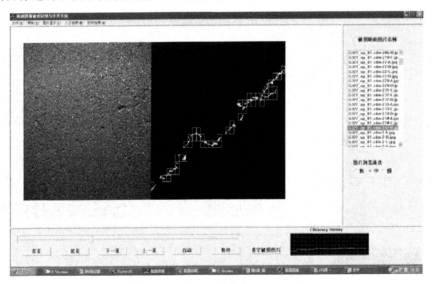

图 6.15　破损目标几何特征测量

⑤ 路面破损程度评估。根据路面破损情况，可将路面质量分为优、良、中、差、次五个等级，系统根据表 2.3 的评价标准自动对路面破损情况进行评级，如图 6.16 所示。

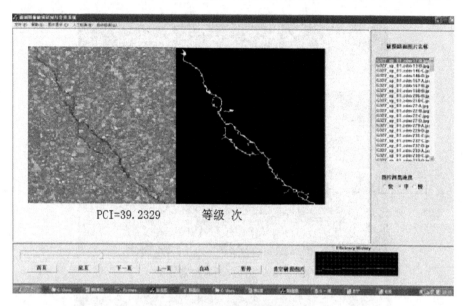

图 6.16　路面破损程度评估

（4）软件运行加密功能。

为防止本文开发的软件被非法使用，本软件采用 USB 软件加密锁进行加密。本软件使用的是基于 USB 加密锁的硬件加密方法，该方法考虑到加密锁本身具有出厂的唯一性标识，将该唯一性标识和加密锁中存储的软件开发者设计的密钥结合起来使用，相当于在加密锁中设置了 2 个密钥：一个密钥为唯一性密钥，由加密锁出厂时的唯一性标识表示，各不相同；另一个密钥为用户密钥，由软件开发者写入加密锁中，可以根据软件批次进行设置，同批次加密锁的用户密钥相同。软件开发者可通过定期更换软件批次和用户密钥来加强加密锁的破解难度。加密锁加密原理如图 6.17 所示。

图 6.17　加密锁加密原理图

软件启动后，将从 USB 加密锁中读取密钥信息，如果此时加密锁被拔出或者加密锁中存储的信息与软件的密钥信息不一致，软件将弹出如图 6.18 所示的提示对话框。同理，在软件运行过程中，如果加密锁被移出，软件也会弹出 6.19 所示的对话框，提醒用户必须保证加密锁处于工作状态。

图 6.18　软件启动时加密界面

图 6.19　软件运行时的加密界面

3）软件测试

对 4 km 的沥青路面进行路面图像数据采集，随机选择 1500 张路面图像用于软件测试，测试结果见表 6.1。

表 6.1　软件测试数据表

测试项目	误检率	漏检率	准检率
白线标记去除	0.6%	0.4%	99.0%
路面图像初始分类	4.6%	3.2%	92.2%
目标提取	—	—	94.1%

6.3　软件开发中的一些关键技术

1. 基于 GPU 的算法加速技术

本系统对路面破损图像采用离线方式进行处理。路面图像采集车每行走 1 m 将自动采集 4 幅图像，产生的图像数量巨大，对一段 40 km 道路的双向六车道进行检测，将产生 96 万幅路面图像。采用 CPU 进行图像处理，每幅图像的处理时间大约为 10 s，采用单台计算机处理 96 万幅图像大约需要 100 天的时间，是用户无法接受的，这就要求路面破损图像识别算法具有更高的实时性，必须对算法进行加速，才能满足用户的需求。

本文涉及的裂纹算法中"局部直方图拟合阈值计算"和"连通域标记"是整个算法中较耗时的部分，且这两个算法属于相对独立的任务，具有简单的输入输出接口，因此可以将这部分工作从 CPU 上移植到 GPU 上执行，执行方式由串行变为并行。大量的应用实验表明，基于 GPU 的加速技术可以将基于 CPU 的计算效率提高 10 倍以上。

2. 基于遥感图像匹配的 GPS 轨迹校正

1）GPS 轨迹校正的目的

路面破损图像自动检测系统中的一个重要环节是路产、路面图像定位，即根据 GPS 信息将采集到的路产、路面图像标注到电子地图上，从而使采集到的图像与实际的道路位置相结合。但由于 GPS 模块可能受到地形、建筑物遮蔽或其他干扰引起信号中断及 GPS 本身所存在的误差的影响，直接使用原始 GPS 数据进行路产、路面图像标注并不能精准地把所采集的数据与实际道路相融合，故路面破损图像自动检测系统需要先对 GPS 数据进行校正，以保证采集到的 GPS 轨迹能落到采集车行驶的道路上，从而提高路面破损图像自动检测系统的真实性、可靠性。

2）轨迹校正算法

单纯采用滤波方法的 GPS 校正，一般只能过滤掉误差比较大的 GPS 数据，无法解决GPS 接收器由于受到干扰而使先采集到的坐标点出现在后采集到的坐标点后的这种锯齿形误差，也无法保证滤波后的 GPS 能完全落在道路上。因此本文提出采用图像处理技术从遥感图像中提取道路中心线法，然后将道路中心线的像素坐标转换到 GPS 坐标进行 GPS 校正，但传统的基于遥感影像的道路提取由于受到背景环境复杂而不能有效、准确地提取道路，或者算法复杂度大，效率不高。本系统结合 GPS 轨迹，将 GPS 轨迹叠加到遥感影像上，利用图像处理技术进行 GPS 校正，处理流程图如图 6.20 所示。

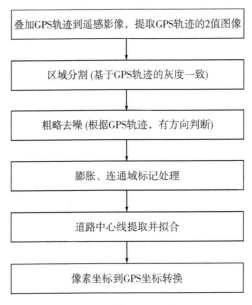

图 6.20　算法处理流程

具体步骤如下：

（1）叠加 GPS 轨迹到遥感图像，从遥感图像提取车辆行驶轨迹所在的像素，图 6.21 （a）为原始遥感图像，图 6.21（b）为车辆行驶轨迹。

(a) 原始遥感图像　　　　　　　　　　　(b) 车辆行驶轨迹

图 6.21　原始遥感图像及车辆行驶轨迹

（2）根据 GPS 轨迹所在像素的 RGB 彩色空间信息，对遥感图像中与 GPS 彩色空间相匹配的道路区域进行分割，如图 6.22 所示。

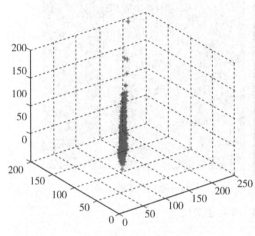

(a) GPS轨迹像素RGB空间分布

(b) 路面初始分割后效果

图 6.22　采用 GPS 轨迹像素的 RGB 空间信息进行路面初始分割

（3）根据 GPS 轨迹的方向和缓冲带信息去除交叉道路，效果如图 6.23 所示。

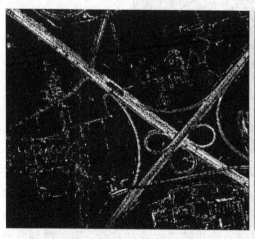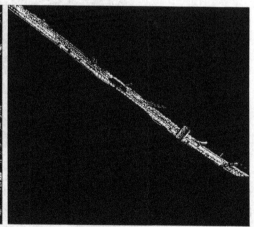

(a) 有立交桥的道路区域分割后图像

(b) 采用GPS轨迹去噪后图像

图 6.23　采用 GPS 轨迹去除交叉道路

（4）通过数学形态学膨胀方法填补道路二值图像空洞，效果如图 6.24 所示。

（5）根据道路二值图像中连通域的形状信息去除不规则噪声，结果如图 6.25 所示。

（6）基于最小二乘法拟合的道路中心线提取。

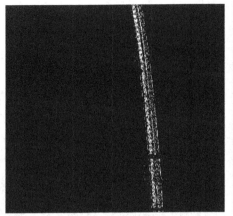

(a) 基于GPS轨迹的去噪后的图像　　　　　　　　(b) 膨胀后的道路图像

图 6.24　道路二值图像膨胀后效果

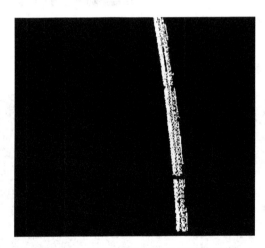

图 6.25　去除不规则噪声后的道路图像

　　对特征提取后的道路进行细线化，通过扫描特征提取图像的每一行，只保留道路像素的中心点，可得到最终的中心线。由于中心线不是一条光滑的曲线，但在遥感图像某一个区域内，中心线应满足 2 次曲线走向，因此对中心线进行 2 次曲线拟合，即可得到光滑的中心线。构造拟合多项式如下：

$$f(x) = c_0 + c_1 x + c_2 x^2 \tag{6.1}$$

　　采用式(6.2)来求取拟合多项式中的系数，有

$$A^{\mathrm{T}} W A C = A^{\mathrm{T}} W y \tag{6.2}$$

其中，

$$A^{\mathrm{T}} = \begin{bmatrix} f_0(x_0) & f_0(x_1) & f_0(x_2) & \cdots & f_0(x_n) \\ f_1(x_0) & f_1(x_1) & f_1(x_2) & \cdots & f_1(x_n) \\ f_2(x_0) & f_2(x_1) & f_2(x_2) & \cdots & f_2(x_n) \end{bmatrix}$$

$$y^{\mathrm{T}} = \begin{bmatrix} f(x_0) & f(x_1) & f(x_2) & \cdots & f(x_n) \end{bmatrix}$$

$$C = \begin{bmatrix} C_0 \\ C_1 \\ C_2 \end{bmatrix}$$

求解线性方程，可得 C_0、C_1、C_2，获得拟合多项式方程 $f(x) = C_0 + C_1 x + C_2 x^2$。细线化后的道路中心线及拟合后的道路中心线如图 6.26 所示。

图 6.26　基于最小二乘拟合后的道路中心线

（7）遥感图像像素坐标到 GPS 坐标转换。

本文在每一幅图像中选择两个校正前的 GPS 作为基准点，如图 6.27 所示，选择 A、B 作为两个 GPS 基准点，A 和 B 的像素坐标为(X_a, Y_a)和(X_b, Y_b)，GPS 坐标为$(\mathrm{Gps}X_a, \mathrm{Gps}Y_a)$和$(\mathrm{Gps}X_b, \mathrm{Gps}Y_b)$，假设横坐标上 A 和 B 的像素点个数差值为 N_x，在纵坐标上的像素点个数差值为 N_y，则有

$$N_x = |X_a - X_b| \tag{6.3}$$

$$N_y = |Y_a - Y_b| \tag{6.4}$$

$$\Delta x = \frac{|\mathrm{Gps}X_a - \mathrm{Gps}X_b|}{N_x} \tag{6.5}$$

$$\Delta y = \frac{|\mathrm{Gps}Y_a - \mathrm{Gps}Y_b|}{N_y} \tag{6.6}$$

根据式(6.3)和式(6.4)可知道图像上 C 像素点的 GPS 坐标为

$$GpsX_c = X_a + | X_c - X_a | * \Delta x$$

$$GpsY_c = Y_a + | Y_c - Y_a | * \Delta y$$

图 6.27　图像坐标到 GPS 坐标的转换

（8）轨迹校正结果。

图 6.28 所示为 GPS 轨迹校正前后的对比效果，图 6.28(a)为原始遥感图像，图 6.28(b)为校正后的图像。

　　(a) 原始遥感图像(GPS轨迹)　　　　　　　　　(b) 校正后图像(GPS轨迹)

图 6.28　校正后轨迹效果

图 6.29(a)为绕城高速西段遥感影像图，图 6.29(b)为提取并校正后的 GPS 轨迹。

 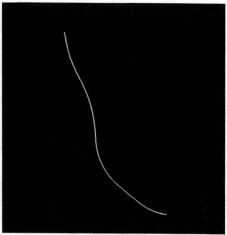

(a)绕城高速西段遥感影像　　　　　　　　　　(b)提取并校正后的GPS轨迹

图 6.29　提取并校正后的绕城高速效果

本 章 小 结

本章将路面破损图像自动检测系统分为四大模块来实现：道路影像与地理信息采集模块、路面破损图像分析模块、路产图像分析模块、基于 GIS 的道路影像综合信息数据库管理模块。通过理论分析确定了各硬件的安装位置及选型、软件平台选择，同时对路面破损自动识别软件功能进行了详细的介绍。最后对基于直方图拟合的阈值分割算法及二值图连通域标记算法的耗时问题提出了基于 GPU 的加速算法。针对路面破损图像的 GPS 定位误差问题，提出了基于遥感图像处理的 GPS 轨迹校正算法。

总 结 及 展 望

　　本书首先对国内外的路面破损自动检测系统进行了全面调研，对现有的路面破损图像处理算法进行了深入的对比分析，并在前人研究的基础上提出了一种基于多特征融合的路面破损图像自动识别方法。该方法对路面破损图像的灰度、纹理、边缘、形状等多种特征进行了定性和定量分析。在此基础上，本文通过特征选择挑选能够准确描述各类路面破损目标特性的关键特征，并通过多种融合规则和融合方法对这些特征进行融合，最终实现了路面图像的准确分类和破损目标的精确分割。

　　本书完成的主要工作和取得的成果如下：

　　（1）通过大量的路面图像处理实践，提出了一种"先分类，后识别"的路面破损图像处理流程，突破了传统的"先识别，后分类"的处理模式。该处理流程采用较低复杂度的算法对图像进行定性分析，将图像分为完好路面、松散类破损、裂缝类破损、修补类破损四大类型，在滤除所有完好路面图像后，再采用复杂度较高的算法对各类破损图像进行定量分析，最后根据这些定量数据对路面破损图像进行识别、分割、测量、评价等后续处理。该处理流程可大大提高路面破损图像处理的效率和精度，使各种算法模块具有更好的针对性。

　　（2）提出了一种融合边缘和灰度特征的道路标线提取算法，该算法采用改进的 Beamlet 变换算法提取二值图像中的直线边缘，实现了含有路面标线图像的快速筛选。该直线检测算法的耗时仅为 Hough 变换的 1/10，且准确率要高于 Hough 变换算法。然后根据直线边缘对图像进行初步分割，最后根据分割区域的灰度特征，采用分裂-合并算法对道路标线区域进行精确分割。经过对 1500 幅各类路面图像进行测试。实验结果表明：本文提出的道路标线提取算法精度高达 99%，远高于目前常用的基于动态阈值的分割算法。道路标线的提取为本文后续的路面图像分类和破损目标分割奠定了基础。

　　（3）提出了一种新的形状描述子——形状有效长度。该描述子采用傅立叶描述子重构方法得到形状目标的抽象轮廓，通过这种光滑的轮廓可以快速得到形状的中轴，最后通过目标圆形度对该中轴长度进行校正，即为形状目标的有效长度。该描述子非常适合于线状目标与凸多边形目标的区分，其可分性要优于最小外接椭圆主轴、最长弦等描述子。在本文中，该描述子被用于进行路面图像分类和裂缝检测，取得了较好的效果。

　　（4）提出了一种基于纹理和形状特征融合的路面破损图像初始分类算法，该算法将局部对比度增强图像和整体灰度校正图像进行融合从而得到增强的路面破损图像，对增强图像进行三层小波分解从而获得路面图像的纹理特征。然后采用改进的 P 分位法对图像进行二值化，并在二值化图像的基础上提取连通域平均面积、最大连通域的面积、最长连通域的有效长度等形状。最终采用 BP 神经网络对纹理和形状特征进行串行融合，实现了路面破损图像的有效分类。实验结果表明，采用多种类型的特征对路面图像分类的准确率要高于采用单一类型特征对路面图像进行分割的准确率。通过路面图像初始分类，使得后续的各种算法模块更具有针对性。

（5）提出了一种基于灰度和形状特征相融合的裂缝类目标检测算法。该算法采用子块分析方法对路面裂缝图像进行分析，采用直方图估计算法估计每一个子块图像中的最优阈值，并运用该阈值对其进行二值化，得到灰度特征图像。然后采用多尺度脊边缘融合算法获得裂缝图像的边缘特征图像，并采用或运算方式对二者进行像素级融合。在此基础上，采用 D-S 证据理论和形状特征对融合后图像的斑点噪声进行去除。最后采用去"野点"和裂缝连接等后续处理实现了裂缝目标的精确分割。采用 Hausdorff 距离算法评价实验将本文算法与文献中提出的 3 种常用经典算法进行对比，结果表明：本文算法分割效果要优于另外 3 种算法。本文还给出了裂缝几何参数的计算方法，为裂缝图像破损程度评估奠定了基础。

（6）开发了一种路面破损图像自动检测与识别系统，该系统的分为四大模块：道路影像与地理信息采集模块、路面破损图像分析模块、路产图像分析模块、基于 GIS 的道路影像综合信息数据库管理模块。本文还解决了软件开发中遇到几个关键技术问题，在 GPU 平台上实现了基于直方图拟合的阈值分割和连通域标记这两种算法的并行化改造，将这两个耗时算法的效率提高了 10 倍以上。针对路面破损图像的 GPS 定位误差问题，提出了基于遥感图像辅助的 GPS 轨迹校正算法，很好地解决了路面图像的定位问题。

本书研究的不足以及对未来的展望：

（1）算法只是对路面标线、路面裂缝等目标的自动检测进行了研究，而实际的路面破损类型远不止这些，还存在诸如坑洞、泛油、麻面、松散等多种类型，因此需要进一步研究扩展算法的适用范围，使之能够处理更多的病害类型。

（2）从算法的运行效率来看，部分算法的时间复杂度过高，只适合离线数据处理，不能满足实时在线检测的要求。

（3）本书的融合算法均是针对同源图像在时间上和空间特征上的融合，为提高融合的效率和准确度，下一步可以研究基于多源传感器和多光谱图像融合的新型路面破损检测方法，综合利用环境相机、路面相机、红外成像相机、探地雷达等多源异构传感器采集的信息，更有效地对路面破损情况进行辨识和评估。

（4）本书只对图像融合技术中的像素级融合和特征级融合技术进行了研究和应用，下一步还需对决策级融合技术进行深入研究，使算法可以适应不同环境下以及不同材料路面破损图像的自动识别，并能根据多传感器信息进行道路破损程度自动评价。

参 考 文 献

［1］http://mobile.dili360.com/tbch/2009/0915934.shtml. 中国国家地理网：中国古代国道.

［2］之超.中国道路史话.道路交通管理，1998(4):20-21.

［3］http://finance.eastday.com/economic/m1/20111230/u1a6286393.html. 2010 年公路水路交通运输行业发展统计公报.

［4］啜二勇.国外路面自动检测系统发展综述.交通标准化，2009(17):30-33.

［5］交通运输部综合规划司 2010 年一季度交通运输经济运行情况公报，2010.04.14.

［6］Gang Wang, Xiu-wei xu, Liang Xiao, Algorithm Based on the finite ridgelet transform for enhancing faint pavement cracks, Optical Engineering，47(1)：017004，2008/01.

［7］交通行业标准《JTJ 073.2-2001 公路沥青路面养护技术规范》.

［8］J. Baker, B. Dahlstrom, K. Longenecker, T. Buu. Video image distress analysis technique forIdaho transportation department pavement management system. Transportation Research Record 1117 (1987) 159-163.

［9］H. D. Cheng, M. Miyojim. Automatic pavement distress detection system. Journal of Information Sciences 108 (1998) 219-240.

［10］Kelvin C P W. Highway data collection and information management. The 3 rd International Conference on Road & Airfield Pavement Technology，1998.

［11］Yaxiong Huang, Bugao Xu. Automatic inspection of pavement cracking distress［J］, Journal of Electronic Imaging 15(1), 013017 (Jan - Mar 2006).

［12］Salvatore Cafiso, Alessandro Di Graziano. Evaluation Of Pavement Surface Distress Using Digital Image Collection And Analysis. Seventh International Congress on Advances in Civil Engineering, October 11-13, 2006, Yildiz Technical University, Istanbul, Turkey.

［13］张宏，英红.沥青路面裂缝图像识别技术研究进展.华东公路，2009(4)：81-84.

［14］张娟，沙爱民，孙朝云，高怀钢.基于相位编组法的路面裂缝自动识别［J］.中国公路学报，2008，21 (2)：39-42.

［15］Kim, Jung Yong. Development of new automated crack measurement algorithm using laser images of pavement surface. Ph. D. Paper, THE UNIVERSITY OF IOWA，2008.

［16］http://www.pavemetrics.com.

[17] http://www.internationalcybernetics.com.

[18] Tarek A. Monem, Amr A. Oloufa, and Hesham Mahgoub. Asphalt Crack Detection Using Thermography. InfraMation 2005 Proceedings, 2005:1-12.

[19] Kelvin C. P. WANG. Elements of automated survey of pavements and a 3D methodology. Journal of Modern Transportation, 2011, 19(1):51-57.

[20] Kelvin C. P. Wang, Weiguo Gong. Real-Time Automated Survey System of Pavement Cracking in Parallel Environment [J]. Journal of infrastructure systems. September 2005:154-164.

[21] H. D. Cheng, M. Miyojim. Automatic pavement distress detection system[J]. Journal of Information Sciences, 1998(108):219-240.

[22] 王刚. 路面病害光学无损检测技术[D]. 南京理工大学, 2007.

[23] 王建锋. 激光路面三维检测专用车技术与理论研究[D]. 长安大学, 2010.

[24] H. D. Cheng, Chen, J. R., Glazier, C., et al. Novel approach to pavement distress detection based on fuzzy set theory[J]. Journal of computing in civil engineering, 1999, 13(4): 270-280.

[25] 高建贞, 任明武, 唐振民, 等. 路面裂缝的自动检测与识别[J]. 计算机工程, 2003, 29(2):149-150.

[26] 唐磊, 赵春霞, 王鸿南, 等. 路面图像增强的多偏微分方程融合法[J]. 中国图像图形学报, 2008, 13(9): 1661-1666.

[27] 王兴建, 秦国锋, 赵慧丽. 基于多级去噪模型的路面裂缝检测方法[J]. 计算机应用, 2010, 30(6):1606-1612.

[28] 闫茂德, 伯绍波, 李雪. 一种自适应模糊的局部区域图像增强算法[C]. 第26届中国控制学会会议论文集, 2007:308-311.

[29] 刘玉臣, 王国强, 林建荣. 基于模糊理论的路面裂缝图像增强算法[J]. 养护机械与施工技术, 2006(2): 35-37.

[30] Yongxia Zuo, Guoqiang Wang, Chuncheng Zuo. Wavelet Packet Denoising for Pavement Surface Cracks Detection. International Conference on Computational Intelligence and Security, 2008. CIS'08. 2:481-484.

[31] Daqi Zhang, Shiru Qu, Li He, Shuang Shi. Automatic ridgelet image enhancement algorithm for road crack image based on fuzzy entropy and fuzzy divergence[J]. Optics and Lasers in Engineering, 2009(47): 1216-1225.

[32] 李清泉, 胡庆武. 基于图像自动匀光的路面裂缝图像分析方法[J]. 公路交通科技, 2010, 27(4):1-5.

[33] K. R. Kirschke, S. A. Velinsky. Histogram-based approach for automated pave-

ment-crack sensing [J]. Journal of Transportation Engineering，1992，118(4)：700 - 710.

[34] Siriphan Jitprasithsiri. Development of a new digital pavement image processing algorithm for unified crack index computation[D]. A Dissertation Submitted to the Faculty of the University of Utah，1997.

[35] Oh，H.，Garrick，N. W.，and et al. "Segmentation algorithm using iterated clipping for processing noisy pavement images." Proc.，2nd Int. Conf. of Imaging Technologies：Techniques and Applications in Civil Engineering，ASCE，Reston，1997，138 - 147.

[36] H. D. Cheng，Shi，X. J.，and Glazier，C. "Real-time image thresh-olding based on sample space reduction and interpolation approach. J. Comput. Civ. Eng. 2003，174，264 - 272.

[37] 孙波成，邱延峻. 路面裂缝图像处理算法研究[J]. 公路交通科技，2008，25(2)：64 - 68.

[38] 李清泉，刘向龙. 路面裂缝影像几何特征提取算法[J]. 中国科技论文在线，2007(7)：517 - 522.

[39] 伯绍波，闫茂德，孙国军，等. 沥青路面裂缝检测图像处理算法研究[J]. 微计算机信息(管控一体化)，2007，23(4 - 3)：280 - 282.

[40] 冯永安，刘万军. 边缘检测改进算法在路面破损检测中的应用[J]. 辽宁工程技术大学学报，2007,26：176 - 178.

[41] 李晋惠. 公路路面裂缝类病害图像处理算法研究[J]. 计算机工程与应用，2003，35：212 - 213.

[42] Siwaporn Sorncharean，Suebskul Phiphobmongkol. Crack Detection on Asphalt Surface Image Using Enhanced Grid Cell Analysis [J]. 4th IEEE International Symposium on Electronic Design，Test & Application，2008：49 - 54.

[43] 唐磊，赵春霞，王鸿南，邵文泽. 基于图像三维地形模型的路面裂缝自动检测[J]. 计算机工程，34(5)：20 - 21.

[44] Peggy Subirats，Olivier Fabre，Jean Dumoulin etc. A combined wavelet-based image processing method for emergent crack detection on pavement surface images. European Signal Processing Conference (EUSIPCO2004). 2004，257 - 260.

[45] Zhou，J.，Huang，P. S.，& Chiang，F. - P. Wavelet-based pavement distress detection and evaluation. Optical Engineering，2006，45：027007 - 1～027007 - 10.

[46] Kelvin C. P. Wang，Li，Q. and Gong，Weiguo. "Wavelet-Based Edge Detection with À Trous Algorithm for Pavement Distress Survey". Journal of the Transportation

Research Board，2007，20－24.

[47] Zhang-Xia Ma，Chun-Xia Zhao，Ying-kun Hou. Pavement Distress Detection Based on Nonsubsampled Contourlet Transform［C］. 2008 International Conference on Computer Science and Software Engineering，2008：28－31.

[48] 王刚，贺安之，肖亮. 基于高速公路裂纹局部线性特征内容的脊波变换域算法研究［J］. 光学学报，2006，26(3)：341－346.

[49] 初秀民，王荣本. 基于神经网络的沥青路面破损图像识别研究［J］. 武汉理工大学学报（交通科学与工程版），2004，28(3)：373－376.

[50] 储江伟，初秀民，王荣本，等. 沥青路面破损图像特征提取方法研究［J］. 中国图象图形学报 A 辑，2003，8A(10)：1211－1217.

[51] 初秀民，王荣本，储江伟，等. 沥青路面破损图像分割方法研究［J］. 中国公路学报，2003，16(3)：11－14.

[52] 储江伟，初秀民，王荣本. 沥青路面破损图像自动检测系统设计［J］. 光学技术，2003，29(3)：316－319.

[53] 初秀民，严新平，陈先桥. 路面破损图像二值化方法研究［J］. 计算机工程与应用，2008，44(28)：161－165.

[54] Henrique Oliveira，Paulo Lobato Correia. Supervised strategies for cracks detection in images of road pavement flexible surfaces. 16th European Signal Processing Conference (EUSIPCO 2008)，Lausanne，Switzerland，August 25－29，2008.

[55] 王华，朱宁，王祁. 公路路面分形纹理特征分析和分类［J］. 哈尔滨工业大学学报，2005，37(6)：816－818.

[56] 胡勇，赵春霞，郭志波. 基于多尺度布朗运动模型的路面破损检测［J］. 计算机工程与应用，2008，44(3)：234－235.

[57] 王华，朱宁，王祁. 应用计盒维数方法的路面裂缝图像分割［J］. 哈尔滨工业大学学报，2007，39(1)：142－144.

[58] 章秀华，洪汉玉，侯佳，等. 路面破损图像实时检测方法研究［J］. 电子设计工程，2009，17(6)：36－40.

[59] N. Tanaka，K. Uematsu. A crack detection method in road surface images using morphology. Workshop on Machine Vision Applications，1998，154－157.

[60] Yan，M. D. ，Bo，S. B. ，Xu，K. ，He，Y. Y. . Pavement crack detection and analysis for high-grade highway. In：Proc. Internat. Conf. on Electronic Measurement and Instruments (ICEMI'07). 2007：548－552.

[61] Liu Fanfan，Xu Guoai Yang Yixian，et al. Novel approach to pavement cracking automatic detection based on segment extending(C). // Proceedings—2008 Interna-

tionalSymposium on Knowledge Acquisition and Modeling，Inst. of Elec. and Elec. Eng. Computer Society，Wuhan 2008：610 - 614.

[62] 刘凡凡，徐国爱，肖靖，等. 基于连通域相关及 Hough 变换的公路路面裂缝提取[J]. 北京邮电大学学报，2009，32(2).

[63] Sylvie Chambona，Peggy Subiratsb，Jean Dumoulina. Introduction of a wavelet transform based on 2D matched filter in a Markov Random Field for fine structure extraction：Application on road crack detection[J]. Proc. of SPIE-IS&T Electronic Imaging，2009，SPIE 7251：72510A. 1 - 72510A. 12.

[64] 张洪光，王祁，魏玮. 基于人工种群的路面裂纹检测[J]. 南京理工大学学报，2005，29(4)：128 - 132.

[65] Alekseychuk，O. 2006. Detection of crack-like indications in digital radiography by global optimisation of a probabilistic estimation function. Ph. D. thesis，BAM-Dissertationsreihe，Band 18，Berlin.

[66] 李清泉，邹勤，毛庆洲. 基于最小代价路径搜索的路面裂缝检测[J]. 中国公路学报，2010，23(6)：28 - 33.

[67] Vivek Kaul，Yichang Tsai，and Anthony Yezzi. Detection of Curves with Unknown Endpoints using Minimal Path Techniques. Proceedings of the British Machine Vision Conference，pages 62. 1 - 62. 12. BMVA Press，September 2010.

[68] 李刚. 基于灰色系统理论的路面图像裂缝检测算法研究[D]. 武汉：武汉理工大学，2010.

[69] Chua，K. M.，& Xu，L. (1994). Simple procedure for identifying pavement distresses from video images[J]. Journal of Transportation Engineering，120(3)，412 - 431.

[70] Acosta，J. A.，Figueroa，J. L.，& Mullen，R. L. (1995). Algorithm for pavement distress classification by video image analysis. Transportation Research Record，1505，27 - 38.

[71] Miyojim M，H. D. Cheng. Novel system for automatic pavement distress detection [J]. ASCE，1998，12(3)：145 - 152.

[72] H. D. Cheng，Jiang，X.，Li，J.，& Glazier，C. (1999). Automated real time pavement distress analysis. Transportation Research Record，1655，55 - 64.

[73] Kelvin C. P. Wang，Watkins，& Kuchikulla. (2002). Digital distress survey of airport pavement surface. Federal Aviation Administration Airport Technology Transfer Conference.

[74] Lee，David Lee. (2003). A robust position invariant artificial neural network for digital pavement crack analysis. Technical Report TRB2003 - 000996.

[75] Zhou, J., Huang, P. S., & Chiang, F. - P. Wavelet-based pavement distress detection and evaluation. Optical Engineering, 2006, 45: 027007 - 1~027007 - 10.

[76] Lee, B. J and H. Lee. A Robust Position Invariant Neural Network for Digital Pavement Crack Analysis. Computer - Aided Civil and Infrastructure Engineering, 2004, 19:105 - 118.

[77] 丁爱玲, 焦李成. 基于支撑矢量机的路面破损识别[J]. 长安大学学报(自然科学版), 2007, 27 (2): 34 - 37.

[78] Fereidoon Moghadas Nejad, Hamzeh Zakeri. An optimum feature extraction method based on Wavelet-Radon Transform and Dynamic Neural Network for pavement distress classification[J]. Expert Systems with Applications 38 (2011) 9442 - 9460.

[79] 肖旺新, 严新平, 张雪. 基于混合密度因子的路面破损自动识别研究[J]. 交通运输工程与信息学报, 2005, 3(2): 19 - 26.

[80] 肖旺新, 张雪, 黄卫. 基于破损密度因子的路面破损识别新方法[J]. 交通运输工程与信息学报, 2004, 2(2): 82 - 89.

[81] 李清泉, 刘向龙. 路面影像破损加权评定方法[J]. 中国公路学报, 2009, 22(4): 44 - 49.

[82] Xiao Mei. automatic detection of pavement suface crack depth on florida roadways, Phd paper, South Florida. Department of Civil and Environmental Engineering College of The University of South Florida, 2001.

[83] 王泽民. 混凝土路面破损评价与维修对策研究[D]. 西安: 长安大学, 2007.

[84] 王刚. 路面病害光学无损检测技术[D]. 南京: 南京理工大学, 2007.

[85] 唐磊. 基于图像分析的路面病害自动检测[D]. 南京: 南京理工大学, 2007.

[86] 肖旺新. 路面破损图像自动识别关键技术研究[D]. 南京: 东南大学, 2005.

[87] http://baike.baidu.com/view/297217.htm.

[88] 蔡涛. 面向目标识别的图像特征融合提取技术研究[D]. 长沙: 国防科学技术大学, 2000, 10: 2 - 3.

[89] 刘帅师, 田彦涛, 万川. 基于 Gabor 多方向特征融合与分块直方图的人脸表情识别方法, 自动化学报, 2011, 37(12): 1455 - 1463.

[90] 潘瑜, 郑钰辉, 孙权森, 等. 基于 PCA 和总变差模型的图像融合框架. 计算机辅助设计与图形学学报, 2011, 23(7): 1200 - 1210.

[91] 孙权森, 曾生根, 王平安, 等. 典型相关分析的理论及其在特征融合中的应用. 计算机学报, 2005, 28(9): 1524 - 1533.

[92] 潘瑜, 孙权森, 夏德深. 基于 PCA 分解到图像融合框架. 计算机工程, 2011, 37(13): 210 - 212.

[93] 李建科, 赵保军, 张辉, 等. DCT 和 LBP 特征融合的人脸识别. 北京理工大学学报,

2010，30(11)：1355 - 1358.

[94] 张俊虎，郝晓剑，刑昊. 人脸图像识别中的 PCA 算法实现. 模式识别，2010，26(7 - 1)：186 - 187.

[95] 韩智，刘昌平. 基于多特征融合的指纹识别方法. 计算机科学，2010，37(7)：255 - 259.

[96] 谭利，李彬，田联房，等. 基于多特征融合跟踪的微小肺结节识别算法. 生物医学工程学杂志，2011，28(3)：437 - 441.

[97] 王坤峰，李镇江，汤淑明. 基于多特征融合的视频交通数据采集方法. 自动化学报，2011，37(3)：322 - 330.

[98] 顾鑫，王海涛，汪凌峰，等. 基于不确定性度量的多特征融合跟踪. 自动化学报，2011，37(5)：550 - 559.

[99] 王莉莉，郝爱民，何兵，等. 基于 D - S 证据理论的城市航拍道路提取方法. 软件学报，2005，16(9)：1534 - 1541.

[100] 张雷，肖梅，马建，等. 基于信息融合的车道检测算法. 郑州大学学报(工学版)，2010，31(1)：98 - 102.

[101] 朱国康，王运锋. 基于多特征融合的道路交通标志检测. 信号处理，2011，27(10)：1616 - 1620.

[102] 孙显，王宏琦，张道兵，等. 基于多特征融合的城市遥感图像自动解译方法. 光子学报，2010，39(1)：178 - 183.

[103] 林国余，陈旭，张为公. 基于多信息融合优化的鲁棒性车道检测算法. 东南大学学报(自然科学版)，2010，40(4)：771 - 777.

[104] 李远征，卢朝阳，高全学，等. 基于多特征融合的均值迁移粒子滤波跟踪算法. 电子与信息学报，2010，82(2)：411 - 416.

[105] 周静，黄心汉，彭刚. 基于多特征融合的飞机目标识别. 华中科技大学学报(自然科学版)，2009，37(1)：38 - 41.

[106] 宁慧君，李映，胡杰. 基于多尺度特征融合的 SAR 图像分割. 计算机工程与应用，2011，47(14)：196 - 199.

[107] 李正周，马齐佑，郑微，等. 基于多特征融合的微弱红外运动目标跟踪方法[J]. 强激光与粒子束，2011，23(1)：54 - 58.

[108] 陈皓，马彩文，陈岳承，等. 基于多特征融合的复杂背景下弱小多目标检测和跟踪算法[J]. 光子学报，2009，38(9)：2444 - 2448.

[109] 王莹，李文辉. 基于多特征融合的高精度视频火焰检测算法[J]. 吉林大学学报(工学版)，2010，40(3)：769 - 775.

[110] 李先锋，朱伟兴，花小朋，等. 基于 D - S 证据理论的决策级多特征融合苹果分级方

法[J]. 农业机械学报，2011，42(6)：188-192.

[111] 李先锋，朱伟兴，孔令东，等. 基于SVM和D-S证据理论的多特征融合杂草识别方法[J]. 农业机械学报，2011，42(11)：164-168.

[112] 范振东，吝宁. 基于并行特征融合的金融汉字特征提取方法[J]. 计算机应用，2007，27(6)：127-129.

[113] WaldL.，SomeTerms of Referenee in Data Fusion，IEEE Trans. on GRS，1999，37(3)：1-3.

[114] David L. Hall，James Llinas. An Introduction to Multisensor Data Fusion，Proc. IEEE，1997，85(l)：6-28.

[115] 赵宗贵，等. 多传感器数据融合. 北京：电子部27所，1995.

[116] 韩崇昭，朱洪艳，段战胜，等. 多源信息融合. 2版. 北京：清华大学出版社，2010.

[117] Yang J.，Yang J. Y.，Zhang D.，Lu J. F. Feature fusion Parallel strategy vs. serial strategy. Pattern Recognition[J]，2003，36(6)：1369-1381.

[118] Xuguang Zhang，at el. Integrated Intensity，Orientation Code and Spatial Information for Robust Tracking[C]. ICIEA 2007：1-4.

[119] Wang Dawei，Ge Wei，Wang Yan jie. Using BBPSO for Feature Select in Feature-Level Fusion Target Recognition[C]. 4th IEEE conference on industrial electronics and applications，Xi'an，China，May. 2009：1-4.

[120] Fabien Scalzo，George Bebis，Mircea Nicolescu，Leandro Loss. Evolutionary Learning of Feature Fusion Hierarchies[C]. IEEE ICPR 2008，Dec. 2008：1-4.

[121] 覃征，鲍福民，李爱国. 数字图像融合[M]. 西安：西安交通大学出版社，2004.

[122] 王大伟. 基于特征级图像融合的目标识别技术研究[D]. 北京：中国科学院研究生院，2010.

[123] 王大伟，陈浩，王延杰. 核典型相关分析的融合人脸识别算法[J]. 激光与红外，2009(11)：1241-1245.

[124] Pavement Distress Identification Manual for the NPS Road Inventory Program Cycle 4. 2006-2009.

[125] 毛成. 沥青路面裂纹形成机理及扩展行为研究[D]. 成都：西南交通大学，2004.

[126] 吴国雄. 水泥混凝土路面开裂机理及破坏过程研究[D]. 成都：西南交通大学，2003.

[127] (美)冈萨雷斯(Gonzalez，R. C)，等. 数字图像处理(MATLAB版)[M]. 北京：电子工业出版社，2005.

[128] 程宏煌，戴卫恒. 图像分割方法综述[J]. 电信快报，2000(10)：39-41.

[129] Kittler J，Illingworth J. Minimum error threshol-ding[J]. Pattern Recognition，1986，19(1)：41-47.

[130] Chow C K，Kaneko T. Automatic boundary detec-tion of the left ventricle from cineangiograms[J]. Computers and Biomedical Research，1972(5)：338－410.

[131] 杨喜宁，段建民，高德芝，郑榜贵. 基于改进 Hough 变换的车道线检测技术[J]. 计算机测量与控制，2010，18(2)：292－298.

[132] D. L. Donoho，X. Huo. Beamlets pyramids：A new form of multi-resolution analysis，suited for extracting lines，curves，and objects from very noise image data [C]. Proceedings of SPIE，2000，4119(1)：434－444.

[133] D. L. Donoho，X. Huo. Beamlets and Multi-scale Image Analysis[R]，Multi-scale and Multi-resolution Methods[C]. Springer Lecture Notes in Computational Science and Engineering，2002，20：149－196.

[134] D. L. Donoho，O. Levi，J. L. Starch，et al. Multi-scale geometric analysis for 3. d catalogues，Astronomical Data Analysis Ⅱ [J]. Proceeding of SPIE，2002，4847：101－111.

[135] 史勤峰. Beamlet 及其在 SAR 图像边缘检测中的应用[D]. 西安：西北工业大学，2006.

[136] 屈庆春. 基于 beamlet 的多尺度图像分析及其在 CT 图像处理中的应用[D]. 济南：山东大学，2005.

[137] 邓双城，蒋力培，焦向东，等. 基于束波变换的焊缝图像处理技术[J]. 焊接学报，2009，30(1)：68－72.

[138] 焦李成，侯彪，王爽. 等. 图像多尺度几何分析理论与应用：后小波分析理论与应用 [M]. 西安：西安电子科技大学出版社，2008.

[139] 侯阿临，王明明，史东承，等. 基于离散 Beamlet 变换的线特征检测算法[J]. 计算机安全，2009，17(3)：8－11.

[140] Qin F S，Yan N Z. Adaptive Linear feature detection based on beamlet[J]. IEEE，2009，3981－3984.

[141] 潘广林，梁彦，金术玲，等. 基于子束变换的自适应线性特征检测[J]. 火力与指挥控制，2008，33(10)：20－23.

[142] 沈丽琴，胡栋梁，戚飞虎. 基于知识的线状目标的综合理解[J]. 自动化学报，1997. 23C61：839－841.

[143] Frank R J，Grabowski T J，Damasi o H. Voxel vise. Percentage tissue segmentation of human brain MRI[C]. In：25 th AnnualMeeting，Society for Neuroscience，Society of Neuroscience[C]，Washington，1995：694.

[144] 邹丹平，冯涛，李咸伟，刘其真. 基于 EM 的直方图逼近及其应用[J]. 中国图像图形学报，2005，10(11)：1458－1461.

[145] 李亚平,杨华,陈霞. 基于 EM 和 BIC 的直方图拟合方法应用于遥感变化检测阈值确定[J]. 遥感学报,2008,12(1):85-91.

[146] 阎冬梅. 基于特征融合的遥感影像典型现状目标提取技术研究[D]. 北京:中国科学院研究生院,2003.

[147] Bob Zhang, LinZhangb, LeiZhangb. FakhriKarraya Retinal vessel extraction by matched filter with first-order derivative of Gaussian. Computers in Biology and Medicine,2010(10):438-445.

[148] 张卫钢,郑晶,徐琨,徐建民. 信号与线性系统. 西安:西安电子科技大学出版社,2005.

[149] 彭绍武. 基于形状与语义建模的物体识别[D]. 武汉:华中科技大学,2009.

[150] 陆承恩. 基于形状的图像轮廓赋形及目标检测技术[D]. 武汉:华中科技大学,2009.

[151] 陈运文. 形状识别与图像分割方法研究[D]. 上海:复旦大学,2008.

[152] 徐志刚,赵祥模,宋焕生,雷涛. 基于直方图估计和形状分析的沥青路面裂缝识别算法[J]. 仪器仪表学报,2010,1(10):2260-2266.

[153] Zhigang Xu, Xiangmo Zhao, Licheng Zhang, Ge Zhang. Asphalt Pavement Crack Recognition Algorithm Using Shape Analysis. ICIC Express Letter. June 2011, 2(6):671-678.